김기자 자서전

기나긴 터널을 지나면서 큰소리로 외치고 싶다

慧聖 김기자 지음

도서출판 때길

머리말

내 나이 22세부터 고난의 인생은 시작되었다…

스물두 살 되던 해에 8月 추석을 지내고부터 나의 꿈이란 것은 결혼하여 남같이 평범하게 사는 것이었다. 하지만 여기까지 오게 된 나의 인생을 살펴보면 단 하루도 편할 날 없이 마음도 몸도 많이 고단하기만 했던 세월이 대부분이었다.

18세가 되는 봄, 공장이라고 다닐 때 기숙사에 있는 것 보다 돈을 절약하려고 부엌이 딸린 방 하나를 구하여 자취를 할 때였다. 집주인 아주머니가 '계를 하나 들어 시집갈 준비를 해 두어라' 하시기에 나는 저축도 할 겸 그렇게 하겠다고 하였다. 3년 만에 계를 다 붓고 탄 곗돈이 3만 천원이었다. 그때는 귀했던 스웨터 하나를 사고 집에 가 어머니께 드린 후 3만 천원을 주면서 내 결혼하면 쓸 것이라고 꼭꼭 잘 감추어 달라고 했다.

1966년 1월 이었다. 어느 날 집에 갔더니 어머니가 하시는 말이 "네 큰오빠가 서대문에서 집을 2십 몇 만원 주고 샀는데 빚이 3만원이라고 하면서, 네가 일 년 안에는 결혼을 하기가 쉽지 않을 테니 일 년만 쓰고 준다고 해 내가 네 돈 3만원을 네 큰오빠한테 보냈다."고 하였다. 2년 반 후 1968년 가을이 시작될 때 어머니한테 큰오빠가 언제 오느냐고 물었더니 곧 온다고 하기에 편지에 자초지종을 써서 큰오빠 오시면 주라고 해 놓고 2주 후 일요일 집에 다시 갔다. 큰오빠한테 전했느냐고 어머니께 물었더니 편지를 본 오빠가 이를 찢어버리고 가더라고 말씀하셨다. 너무 기가 막혔다. 나는 마음을 달래 보려고 했으나 도저히 용서가 안 되고 마음에 절망과 어두운 생각만 쌓여 갔다. 아무런 희망도 살아갈 이유가 없어 죽어버릴 생각을 하였다. 회사에 다니면서 감기약을 먹고 자살한 아는 언니가 생각나 한 달간 감기약을 사서 모아가지고 11월 말쯤 우리 어머니가 살고 있는 집으로 왔다.

어머니가 마실 나간 사이 나는 죽으려고 모아온 약을 먹고야 말았다. 내가 쓰러져 심한 행동과 심한 구토를 하는 것을 마침 어머니를 만나러 오신 종구아저씨가 발견하게 되었다. 옆집 가까이 사시는 갑중이 어머니와 김칫국물을 계속 먹이고 씻어내어 며칠 만에 겨우 정신이 돌아오게 되었다.

3일이 지나고 정신 들 때 우리 진이 애비가 군 말년 12월 말경에 휴가를 끝내고 가면서 내가 마음이 허약한 것을 알고 달래 주는 척 하면서 사천에 가 밥을 같이 먹자는 것이었다. 마음도 추스르를 새도 없이 택시를 태워 진주까지 가서 밥을 먹게 되었다. 배웅을 해 달라고 하기에 역에 가 배웅을 하는 순간 기차가 칙칙하고 출발 하려는데 순간 기차에서 그가 내려와 나를 끌고 군인 열차를 태운 것이 밤 11시쯤 경기도 가평이란 곳에 이르게 되었다. 난 그때 오도 가도 못하면서 발만 동동 구르게 되었다.

내 나이 22세부터 고난의 인생은 시작되었다...

2023년 봄 혜성 김기자

목차

1부 어린시절   5

2부 출생의 비밀   21

3부 지난날을 회상하면...   29

4부 나의 스무 살 시절엔   45

5부 내가 엄마가 되어...   53

6부 내 아이들과 함께   105

7부 생활 전선에서   119

8부 내 아들 진현이   135

9부 판소리 공부   151

맺음말   173

1부 어린시절

6 기나긴 터널을 지나면서
   큰소리로 외치고 싶다

휴! 한숨 한번 쉬고, 지나간 세월을 기억해 본다

내 나이 칠순을 훌쩍 지나고 있다. 꼼꼼히 지난날을 떠올려 보니 어떻게 여기까지 왔는지 황혼의 길에 서서 내가 태어나면서부터 기억 할 수 있는 날들을 회상해 보면 상상할 수 없는 모진 풍파 속을 헤쳐 달려온 세월이었음을 알 수 있다.

나의 어머니는 두 분이었다. 친모는 호적에도 없는 아버지(김봉석)의 두 번째 부인(안갑선)으로, 아버지 첫 부인은 큰어머니로 불렀다. 나는 경남 산청군 삼장면 덕교리에서 4남 4녀 중 넷째로 태어났다. 첫째 병기, 둘째 중미, 셋째 태순, 넷째인 나 기자, 다섯째 기옥, 여섯째 복달, 일곱 번째 갑조, 여덟 번째 상조이다.

네 살 무렵이었던 것 같다. 어렴풋이 기억이 나는 것은 무엇인가에 쫓겨 급히 이사를 왔던 듯, 부엌도 없는 단칸방에 경남 진주 비봉산 부근 고종사촌 언니 집이었는데 짐이라고는 달랑 보따리 세 개가 전부였다.

이사 온 첫날 깊은 잠을 못 자고 새벽에 깨어보니 예전에 내가 살던 삼장면 집이 아닌 것을 알고 우리 집으로 가자며 울었고, 아버지께서는 피우던 담뱃대로 내 머리를 여러 번 때려 머리가 터졌는데 지금도 생각하면 찢어질 듯 아팠던 기억이 생생하다.

내 나이 대여섯 살 때부터 아버지는 형제들 중 유독 나만 때렸던 기억이 난다. 진주시 유곡동에 외갓집 근처 개울가 빈집이 하나 있어 가족들이 그곳으로 이사를 해서 사는 동안 아버지께서는 나를 많이 미워해 주로 외갓집에 머물곤 했다. 내가 아버지의 친자식이 아니고 조가 사람의 자식이라고 하면서 눈에 조금만 거슬려도 지팡이로 두들겨 패곤 했다.

 나는 매를 맞을 때마다 도망을 쳐 외갓집에 가 있었는데 그곳에 있을 때도 아버지께선 심부름시킬 일만 있으면 언니(태순)에게 시키지 않고 꼭 나에게 시켰다. 그 당시 이웃 사람들이 나를 보면 내 머리를 쓰다듬으면서 "아유 아까워라 부모 잘 만났으면 앞으로 훌륭하게 될 아이인데 어쩜 이렇게 영리하고 똘똘하노" 하는 말들을 자주 하셨던 것으로 기억된다.

 내 호적 나이 6세, 1950년 한국전쟁(6·25)이 일어났다. 난리통 속에서도 우리 마을 집들은 하나도 불에 타지 않았는데 동네와 많이 떨어져 있었고 개울가 외딴집이었던 우리 집만 불에 홀랑 다 타버렸다. 우리 가족들은 외갓집 바로 밑에 방이 7개가 있는 기다란 일본식 집이 있었는데 그중 한 칸을 구하여 살게 되었고 이때도 나는 외가를 오가며 지냈다. 우리가 사는 바로 옆방에는 난리 통 속에서 국민(초등)학생 남자아이 둘을 데리고 서울에서 피난 온 사람이 살았고 그 아이들의 이름은 지금도 기억이 난다. 양길, 양식이었다. 두 아이들의 부모님은 나를 양딸로 삼고 싶다며 무척 예뻐했고 피난이 끝나고 가면서 우리 부모에게 나를 키우고 싶다며 자기들에게 달라고 간절히 설득 했지만 나의 부모님은 나를 보내지 않았다.

 나의 가족들은 진주 외갓집 밑에서 내 나이 9세가 될 때까지 살았는데, 그 사이 양길이 부모님은 서울에서 몇 번을 찾아와 부모님께 나를 양딸로 달라고 애원했고 나대신 태순이 언니를 양딸로 데려가라고 하였지만 그들은 나를 원했다. 나는 일을 잘하니 앞으로도 부려먹을게 많았고 남의 집에 가서 밥을 얻어다가 식구들을 먹여 살리는데도 누구보다 필요하였던 것이다. 결국 부모님은 나를 양딸로 끝내 보내지 않았다. 가끔 옛 시절을 떠올리면서 그 가족을 따라 떠났더라면 내 인생은 좀 더 빨리 펼쳐지지 않았을까 하는 아쉬움도 드는 게 사실이다.

내 나이 9세 되던 여름 경남 사천군 곤양면 홍사리에 단칸방과 부엌 한 칸이 있는 빈집으로 이사를 하게 되었는데 바로 옆엔 집주인이 살았고 그 동네에서 두 번째로 큰 부잣집이었다. 그 집에는 초등학교 4학년인 외동아들(김무홍)이 있었던 것으로 기억된다. 그 당시 시골 사람들은 흔히 누에고치를 길러 명주 짜는 일을 했는데, 아버지께서는 이사 온 후부터 그 일을 하기 시작했다. 그리하여 배틀 하나, 실 뽑는 기계 하나를 구입했고 그 해인 1953년 7월 진주에서 실 뽑는 기술자 1명, 명주 짜는 기술자 1명이 우리 쪽으로 합류해서 오빠들과 나도 일을 도왔다.

큰오빠, 작은오빠는 명주 짜는 기술을 나는 실 뽑는 기술을 배우게 되었다. 하지만 일감은 많지 않았다. 두 달 정도의 일을 할 수 있는 정도였는데 종종 일감이 없어 작은오빠와 나는 주로 산에 가서 땔감나무를 해 오는 일을 했으며, 큰오빠는 진주에 있는 초등학교를 다녔다. 그때 초등학교 담임 선생님께서 큰오빠가 중학교를 못가니 공부를 가르쳐 준다고 하여 큰오빠는 진주를 오가며 공부를 했다.

나는 그곳 진주 홍사리에 살 때도 무려 2km나 떨어진 곳까지 밥을 얻으러 다녔으며, 어쩌다 태순이 언니와 같이 가는 날이면 언니는 중간에 숨어 있다가 나만 밥을 얻어 오도록 시켰고 언니의 말을 따르지 않으면 나는 또 두들겨 맞아야 했으니 선택의 여지 없이 복종해야 했다.

이듬해인 7월 초 다시 일이 시작되어 나는 진주에서 온 기술자와 교대로 실을 뽑고 명주를 짜기 위한 베틀을 나르는 일을 거들었다. 오빠 둘은 그때부터 명주 짜는 일을 하고 태순이 언니는 나와 같이 일을 배웠으나 서툴다 보니 어머니께서 하시는 인부들 식사 챙기는 일을 돕기도 했다. 한해가 그렇게 갈 무렵 어머니께서는 일곱 번째 동생을 임신하게 되었다.

외할아버지께서는 돈을 준비하여 우리가 살고있는 집 바로 건너편에 점쟁이였던 춘자 할머니가 살다 돌아가신 후 춘자네 식구들이 살고 있던 집 옆 땅을 조금 빌려 방 2칸을 만들었다. 방은 황토로 만들고 창고는 짚과 흙으로 벽을 쌓아 1954년 음력 9월 말경 나의 가족들은 이곳으로 이사를 하면서 얼마 지나지 않아 일곱 번째 남동생(갑조)이 태어났다. 명주 짜는 일은 여름엔 일감이 있다가 11월 말경이 되면 소진되어 없었다. 그나마 일이 있을 때는 가족들의 끼니는 해결이 되었는데 일이 없으면 또 다시 생활고에 찌들었고 별수 없이 나는 집집마다 밥을 얻으러 다녀야 했다. 이런 나를 보고 1954년 해가 저물어가는 즈음 진주에 사는 큰어머니께서 당신이 살고 계시는 주인집에 어린 아기를 돌보는 일을 하러 가자고 하였다.

어린 마음에도 나는 밥을 얻으러 다니는 것보다 낫겠다 싶어 큰어머니를 따라 진주로 가게 되었고 군완이라고 불리는 아이를 돌보며 식모살이를 하게 되었다. 내가 이곳으로 올 때는 음력 섣달이라 강추위가 맹위를 떨치는 때였다. 집둑 너머 바로 진주 남강이 보였는데, 그 강조차 꽁꽁 얼어붙어 있었다. 꽁꽁 얼어붙은 남강의 얼음을 깨고 나는 아이의 기저귀를 빨아야 했다. 기저귀를 빠는데 너무너무 손이 시리고 아려왔다. 시린 손을 불어가며 기저귀를 빠는 동안 나도 모르는 사이 눈물이 흘렀고, 그 눈물조차 얼어붙어 얼굴피부가 아려왔다.

어느덧 시간이 흘러 음력설이 되자 나는 그토록 일에 찌들려 도망치고 싶었던 우리 집이 너무 그리웠다. 하지만 주인집 아주머니는 날 집으로 보내주질 않아 갈 수가 없었다. 군완이 위로 나보다 3살 정도 적은 숙이라는 군완이 누나가 있었다. 그는 나를 무척 힘들게 괴롭혔으며 밥을 먹을 때면 자기들과 같이 못 먹게 했고, 내 이름이 있는데도 항상 식모야! 식모야! 하고 부르며 무척이나 나를 괴롭혀 댔다.

어느 날 너무 힘이 들어 견딜 수 없어 "나를 우리 집으로 보내 달라"고 애원하니 군안이 어머니께서 "너는 여섯 달 동안은 너희 집에 못 간다" "너의 집에 쌀 한 가마니 값을 보내 줬으니 여섯 달 전에는 집으로 돌아갈 수가 없다"고 하였다. 그 말을 듣는 순간 쌀 한 가마에 내가 팔려갔었던 사실을 알고 충격과 너무나 슬퍼 혼자 얼마나 울었는지 모른다.

1955년 초여름 드디어 악몽 같았던 6개월이 되어 나의 형제, 부모가 살고 있는 사천 곤양 홍사리로 돌아오게 되었다. 지금도 이 일들은 잊을 수가 없고 문득 생각이 떠오르면 눈시울이 젖는다. 1955년 본격적인 더위가 기승을 부리는 여름이 시작되면서 명주 짜는 일도 시작되었다. 명주 짜는 베틀과 실 뽑는 기계를 하나씩 또 구입 하였고, 이때 진주에서 실 뽑는 인부 두 사람과 베를 짜는 두 사람이 일을 하게 되었는데, 그중 한 명은 큰어머니의 딸인 큰오빠(김병기)와 한 살 차이 나는 언니였다. 또 산청군 신안면에 사는 나보다 네 살 위이고 외가에서 초등학교를 졸업 한 지 몇 달 된 6촌 언니가 베 짜는 기술을 배운다고 우리 집에 왔다. 또한, 아버지 친형인 큰아버지 아들이 군대를 제대하고 우리 집에 왔다. 몇 개월간 기술을 배워 두 달간 같이 공장 일을 하였다. 하지만 두 달 만에 큰어머니 딸인 언니와 6촌 언니, 그리고 실 뽑는 인부 두 사람까지 추석이 되자 철수하였다.

큰어머니와 아버지는 시골 사람들이 베를 짜 달라고 맡기면 누에고치들 중 절반이 넘는 누에고치를 진주에 사는 상인한테 팔아 아버지는 그 돈으로 화투판에서 밤낮을 살았다. 큰어머니와 아버지는 우리 집에서 실을 뽑아 명주를 짜서 준다고 시골 사람들한테 해놓고 실 뽑으면 명주는 반도 안주고 또 다음 해에 준다고 속여 놓고 나머지 재료는 도적질하여 팔아먹었다. 그런데 아버지께서는 그 빼돌린 실을 나에게 팔아오라고 시켰다. 나는 어린 나이라 아버지가 시키면 시키는 대로 해야만 했다.

지금도 또렷하게 기억이 난다. 나는 망경북동의 상인 아저씨한테 가려면 우리 동네에서 한 500m 정도를 걸어간 다음 하루에 세 번씩 오는 진주 가는 버스를 타야 했다. 버스는 아침 8시에 사천을 경유하여 진주로 가는데 11시에 한번, 오후 4시에 한번 해서 총 3번 운행을 한다. 버스가 진주 망경남동과 칠암동 마을을 거치는 육거리라고 하는 곳에서 정차했다가 버스 정류소로 가는 차였다.

큰어머니가 한 번씩 왔다가 실 뽑은 것을 가져갔고, 때로는 나에게 시켜 뒷골 버스가 지나가는 곳까지 보따리에 싸서 어머니가 차에 태워주면 그 실 보따리를 싣고 진주에 가서 육거리에 내렸다. 내려서 한 200m 가면 명주실을 사는 상인이 있고 큰어머니가 시키는 대로 버스에서 내리면 조그마한 가게가 있었다. 거기에다 맡겨 두고 망경북동 상인 아저씨 집에 가서 실을 싣고 왔다고 하면 그 상인 아저씨는 자전거를 타고 그 실 보따리를 가져간 다음 큰어머니와 계산을 했다.

집에서 오후 4시에 출발 할 때면 너무 늦어져 큰어머니 집에서 자고 오는 때도 있었다. 그때는 진주에 가려면 두 시간이 넘게 걸렸고 명주 짜는 재료를 이런 식으로 다 팔아버리니 추석이 지난 후 동네에 소문이 나기 시작했다. "그 집에 물건을 갖다 주면 재료를 팔아먹어 버린다" 는 것이었다. 그러다보니 1956년 가을부터는 아예 일감이 들어오지 않아 문을 닫고 말았다.

곤양면 소재지에 아버지께서 하는 일과 같은 공장이 생겼다. 1956년 그해 추석이 지나고 가을이 시작될 무렵 우리 동네에 화투판을 벌이는 곳이 있었는데 큰오빠가 그곳을 찾아가서 아버지(김봉석)를 팼다고 소문이 났고 이틀이 지난 후 큰오빠는 동네에 불려가 동네매란 것을 맞고 집을 나가고야 말았다. 얼마 후에 작은오빠도 집을 나가 버려 우리 집에 가족을 지키고 생계를 걱정해야 하는 사람은 겨우 13세인 나 김기자 뿐이었다. 이것 뿐 만이 아니었다. 아버지가 화투판에서 탕진한 명주 값에 대하여 빚을 받으러 오는 사람에게 명주를 짜 주지 않아 하루에도 몇 명씩 찾아와서는 아버지와 실랑이를 치고 돌아가곤 했다.

  내 밑으로 초등학교 2학년, 여섯 살, 네 살, 두 살 짜리 동생들이 있었다. 동네에서 어머니와 언니는 바보로 불리다 보니, 나에게 주어진 사명감인양 우리 가족을 지켜야 할 사람은 나뿐이라고 나는 생각했다. 품 팔러 다니는 사람이 몇몇이 있었지만 농사를 아주 적게 하는 사람은 부잣집에 일을 다니곤 했는데 우리 어머니와 언니는 바보라고 일을 시켜주지 않았다. 우리 동네에서 20미터 떨어진 거리에 나보다 네 살 많은 영자언니가 살았는데 그 언니는 품삯일 갈 때 나를 데리고 다녔고 쑥이나 나물을 캐러 갈 때도 데리고 다니면서 돈도 벌게 해주었다.

  나는 작은오빠가 집을 나간 후에는 나무도 내가 해야 했으므로 우리 집 가까운 거리에 나처럼 학교를 못 다니는, 나보다 2살 많은 친구와 나무를 하러 다녔다. 아침과 저녁때면 날이 새기 전에 2km 넘는 곳까지 밥을 얻으러 가야 했기에 어두컴컴한 새벽에 출발해야 했다. 낮에는 산에 나무하러 안 가면 영자 언니를 따라 동네에 일도 다녀야만 했다.

  나는 학교가 너무도 가고 싶어 꿈속에도 학교에 가는 꿈을 자주 꾸었다. 내 나이 11세 되던 가을에 뒷골이란 곳에 검정 초등학교가 있었는데 학교를 못가는 아이들에게 야간에 한글을 가르쳐 준다고 하여 내 위 언니와 두 달 반 한글을 배우러 갔다. 학생들은 대부분 나보다 4~5세가 더 많은 언니 오빠였고, 이미 초등학교 1~2학년까지는 공부를 한 상태였다. 나는 초등학교 문턱에도

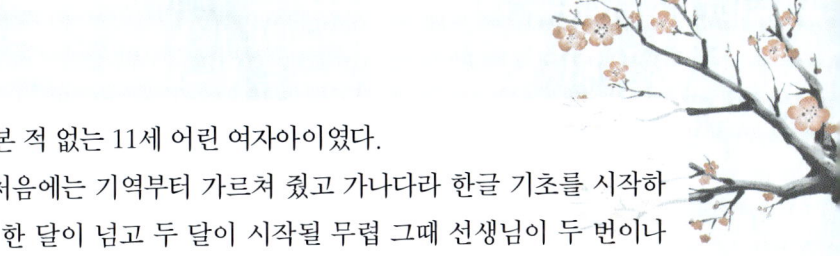

가본 적 없는 11세 어린 여자아이였다.

  처음에는 기역부터 가르쳐 줬고 가나다라 한글 기초를 시작하여 한 달이 넘고 두 달이 시작될 무렵 그때 선생님이 두 번이나 바뀌었는데 두 분 중 검정 초등학교 6학년 담임을 하셨던 정규혁 선생님이 생각난다. 그 선생님께서는 칠판에 글을 써 "이것을 아는 사람 손들어 봐" 하시면 나는 나보다 4~5세가 더 많은 언니 오빠들을 제치고 손을 들어 그 글을 읽었더니, 선생님께서 어느 날 저에게 귀에 대고 "네가 천재다" 하시는 말을 했지만 그때는 그 말이 무슨 말인지 알지 못했다.

  나의 집은 외딴집으로 밤에도 호롱불을 켜고 일을 해야 했으므로 누구에게도 글을 배운 적이 없으며 물어볼 사람도 없었다. 낮에 일을 하다가 틈이 나면 야간에 배운 글을 혼자 떠올리고는 스스로 대견스러워 가슴이 뛰기도 하였다.

  두 달 반을 다니는 동안 아버지께서는 밤에 공부하러 다니면 낮에 일을 못한다고 글을 배우러 못 가게 하여 어느 날 밤 몰래 공부를 하러 야간 검정초등학교를 가는데 그만 아버지에게 들키고 말았다. 그리하여 나는 매를 무진장 맞고 두 달 반 만에 언니와 나는 더 이상 학교를 갈 수가 없었다. 나의 언니는 같이 야간 검정 초등학교를 다녔지만 자기 이름도 쓰지 못했다. 공책을 구하기가 힘들어 밀가루 포대 속지를 구하여 낮에 시간이 있으면 학교에서 배운 것을 잊지 않으려고 몰래 숨어서 한 번씩 써보고 읽어 한글과 구구셈을 잊지 않았다.

  남들처럼 학교를 못 다녀도 시간만 나면 그 글을 잊지 않으려고 애를 썼으며, 학교가 너무도 가고 싶어 아버지에게 부탁하여

산에 가 나무를 열심히 해 왔고 벼 이삭, 보리 이삭을 주웠다.

  가을이 되면 고추 수확을 다 하고 고추밭 가로 고춧대를 뽑아 밭두렁에 두는데 덜 익은 고추가 하나씩 붙어있는 것이 반은 붉게 익고 마른 것들이 제법 있었다. 동네에서 가까운 이웃 마을과 먼 거리에 있는 마을까지 다니면서 수거한 고추를 사천 장날에 쌀, 보리 잡곡으로 바꿔 가지고 가면 다시 웃전을 받고 파는 아주머니들이 돈을 쳐서 주었다. 정품은 아니지만 그때는 그것도 사서 먹는 사람들도 있었다. 그렇게 한 푼 두 푼 돈을 모아 엄마에게 나를 4학년에 편입시켜 달라고 하니 "니가 학교를 가면 우리 집에 나무할 사람이 없다"고 하는 것이었다.

  나는 학교 가고 싶은 마음에 다른 사람이 한 묶음 할 때 세 묶음 이상을 하여 나무를 많이 모아두고, 모아둔 돈을 어머니에게 주면서 학교에 같이 가자고 약속 했는데 어머니께서 아버지한테 부탁했다고 하여 이틀을 기다렸다. 그런데 어떻게 이런 일이 있는지! 아버지가 그 돈으로 화투를 쳐 다 날려버려 학교는 못 간다고 했다. 나는 그 말을 듣는 순간 어린 마음에 너무나 큰 상처를 받아 살고 싶은 마음도 없어져 밥도 먹지 않고 하루를 지냈다.

  동네에 아주 물이 깊은 장군샘이 있었는데 옛날에 사람이 빠져서 죽었다는 말이 내 머리 속을 스쳐 지나갔다. 순간 나는 더 살고 싶지 않은 마음에 울면서 달려 나가 눈을 감고 장군샘에 몸을 던져버렸다. 물속에서 허우적거리며 물을 먹고 올라왔다 내려갔다 하고 있는데, 마침 나와 나무를 하러 다니던 동네 친구 할아버지인 오생원 할아버지가 나를 발견하고 물속에서 건져 올렸다.

  정신을 차렸는데 할아버지께서 하시는 말이 "죽는 것이 네가 하고 싶다고 죽어지는 것이 아니다! 저승사자가 너를 잡으러 와서 데려가야 되지! 네가 갈 때가 아직 아니라 내 눈에 보여 너를 건졌구나! 다시는 그런 짓 하지 말라"며 나를 집으로 데려다 주셨고, 우리 어머니 아버지한테 야단을 치면서 "애한테 어떻게 했기에 죽을 생각을 하고 물에 빠지누! 못 나가게 잘 지키라"고 하시며 가셨다. 우리 동네에서는 할아버지가 말만 해도 무섭다고 소문난 할아버지였다. 할아버지께서 나를 물속에서 건져놓고 하신 말씀이 지금도 귓가에 들리는 듯하다.

  나는 그 일이 생긴 후 어린 나이에도 아버지라는 저 사람은 사람이라고 생각을 할 수 없는 야비한 사람 오직 본인만 생각하고 남의 물건을 다 팔아먹고 안 주고 물건값을 받으러 오면 오히려 그 사람을 야단을 치며 욕하는 사람이라고 생각했다. 그때 나는 생각하고 결심했다. 나는 커서 저런 야비한 사람으로는 살지 않을 것이다. 어린 마음에 생각해도 거짓말과 남들에게 피해 주는 것을 보고 크면서 저렇게 아버지처럼 사는 사람을 내 주위에서는 보기가 드문 사람이라고 생각했다.

  1956년 가을 큰오빠와 작은오빠가 집을 나가고 만삭인 어머니(안갑선)는 여덟번째 아이(동생)를 낳았다. 나는 또 다시 가을 걷이를 했고 전해와 다름없이 쌀, 보리 이삭과 고춧대에 마른 고추를 수거하여 돈을 만들고 아침 저녁이면 먼 곳까지 밥을 얻으러 다녔다. 우리 집 옆에 살던 춘자집이 있었는데 춘자 아버지(이정수, 도사리)는 그 전 해에 군대를 갔고 춘자 어머니는 춘자 동생 옥자를 데리고 춘자 외갓집이 있는 완사라는 곳에 갔다.

  춘자 큰 삼촌은 동네에 머슴살이로 가고 나보다 두 살 적은 유복이는 자기 큰 누나 명순이 집에 가서 살았고 1956년 겨울 춘자 아버지는 군대에서 많이 아파 이가사 제대를 하여 왔는데 자세히는 몰라도 춘자 어머니와 같은 병에 걸렸다 했다.

나는 그 겨울을 잊지 못하고 있다. 곡식 이삭을 줍고 동네에 일 다니면서 번 돈을 나는 꽁꽁 감추어 두고 있었다. 그때 춘자 아버지는 자기가 살던 집은 무너지고 부인인 춘자 어머니가 죽었다고 울면서 우리 집에 와서는 동네에다 무너진 그 집을 팔려고 해도 팔리지 않는다고 했다.

춘자 아버지 집은 산에서 가까운 위치라 나는 춘자 아버지에게 나한테 쌀 두말 값이 있는데 그 땅 내가 나무를 하러 다니기가 힘들어서 그러니 얼마를 주면 살 수 있는지 물었다. 그랬더니 춘자 아버지는 쌀 한 가마니 값은 받아야 한다고 했다. 나는 "우리 아버지한테는 내가 이런 말 한다고 하지 마세요!" 하고는 "내가 작년 봄에 이삭을 줍고 영자 언니를 따라다니면서 번 돈을 어머니에게 주면서 학교 가겠다고 했더니 어머니가 같이 가기로 해 놓고 아버지한테 돈을 주는 바람에 못 갔어요. 나한테 돈이 있는 줄 알면 나를 패고 돈을 뺏어 갈 것이니 절대 말하지 말아 주세요" 라며 부탁 하였다. 며칠이 지난 후 춘자 아버지는 나를 만나자고 와서 그 돈 나 좀 빌려달라고 하셨다.

"내년까지 돈 만들어 이 땅은 내가 살 것이니 그때까지 기다려 주세요" 했더니 우리 어머니한테 말을 했다며, 그러면 그 돈을 지금 나를 주고 돈이 만들어 지는 대로 갚으라고 하여, 나는 아저씨에게 "그 대신 산에 가서 나 혼자만 나무를 할 테니 뭐라고 하지 마세요." 라고 했다. 그리하여 나는 돈이 조금씩 모일 때 마다 얼마를 갚았다고 적어놓고 춘자 아버지도 적어놓고 하였다. 나는 3년에 걸쳐 쌀 한가마니에 해당되는 돈을 다 주고 등기도 없는 국유지라는 땅을 갖게 되었다. 구입할 당시 이 일은 나와 우리 어머니, 춘자 아버지만 알고 있었던 일인데, 어머니는 생각 없이 사는 사람이라 동네 사람들에게 말을 하여 다들 알게 되었다.

 내 나이 11세 마냥 어리광 부리며 떼쓰며 친구들이랑 뛰어놀 나이지만 나는 학교 갈 형편이 되지 않았다. 집안일을 해야 하며, 동생을 돌봐야 하며, 먹을 것이 없어 동네 밥 동냥을 하고 산에 가서 나무를 해야 했다. 그런데 야간에 한글을 가르쳐 주는 초등학교가 생겨 두 달 반 학교를 다닌 탓에 한글을 알게 되었고 더하기 빼기는 물론 구구셈도 알았고 나는 글을 읽을 줄 알아가며 조금 쓸 줄도 알게 되었다.
 그해 가을에 큰오빠가 천자문이란 책을 사서보고 작은 방에 두었는데 난 그때도 오빠 몰래 그 책을 보며 혼자 한문 글자를 배우기 시작하였다. 공책을 사려면 돈이 필요하여 밀가루 포대를 구하여 한문 공부도 시작했고 글 쓰는 방식을 잘 몰라 내 마음대로 쓰고 똑바로 쓸 줄도 몰라 글자를 삐뚤게 쓰곤 하였지만 천자문도 공부하였다. 학교는 못 다녔지만 초등학교 졸업한 사람 못지않았다고 주위 친구들도 말했다. 너는 초등학교를 나온 사람보다 더 많이 글을 안다고 하였으며, 너는 너무 똑똑하다는 말을 자주 들었다. 하루는 밀가루 포대 속 종이에 한문을 써서 우리 집 방 앞에 두었는데 우리 동네에 최고 부잣집 할아버지께서 우리 집 앞을 지나다가 우리 집에 들러 내가 밀가루 포대 종이에 써놓은 천자문 글을 보게 되었다. 할아버지는 "이것은 누가 쓴 것이고"

하고 우리 어머니한테 물어 보았는데 어머니는 "우리 기자가 썼대요."라고 하시니 그 할아버지는 깜짝 놀라면서 "무슨 돈이라도 만들어 기자는 학교를 보내주세요."라고 하셨다. 하지만 분별력도 생각도 없이 사는 우리 어머니셨다.

  내가 철이 없을 때도 나의 어머니께서 행동하는 것을 보면 내가 생각해도 상상할 수 없는 행동을 많이 하셨으며, 커가면서 동네에서 바보라고 삯일도 아예 안 시켜주는 부족한 언니, 어머니와 동생을 보노라면 나는 어디로 가야 하는지? 오직 식구들 때문에 일하는 사람, 막막하고 서글픈 나 자신에 대해 생각에 잠기곤 하였다. 한문 쓴 것을 보고 공부를 시키라고 하신 우리 동네 부잣집 문 씨 성을 가진 할아버지는 한문도 많이 알고 옛날에 서당에 계셨다고 했다. 그 할아버지는 그때부터 나 김기자를 달리 보고 길 가다 인사를 하면 머리를 만져 주시고 혀를 껄껄 차시던 모습이 떠오른다. 아무리 똑똑해도 돈이 없으면 학교를 갈 수 없는게 그때 그 시절이었다.

  내가 성장하여 우리 집안일을 다 맡아 할 때도 그 할아버지는 나를 항상 달리 생각하셨다. "아까운 자식" 하면서 머리를 만져 주시고 우리 동네에 어른들께서는 내 이름도 모르지만 그 할아버지는 항상 나를 보면 반가워 해 주셨던 일들이 떠오른다. 지금도 생각하면 산다는 것이 무엇인지 순간순간 어린 생각에도 이렇게 내가 하고 싶은 일은 한 번도 할 수 없는 세상사여서 남 몰래 많이 울었다. 어느 누구도 나를 알아주는 사람이 없었고, 큰오빠라는 사람은 이렇게 사는 나를 감싸주기는 커녕 나를 보면 항상 벌레같이 생각했다.

2부 출생의 비밀

22 기나긴 터널을 지나면서
　　큰소리로 외치고 싶다

이성에 눈을 뜨기 시작했다

　나는 차라리 이 세상에 태어나지 말아야 했는데 어떻게 이 세상에 오게 된 것인지, 문득문득 어린 시절 아버지가 유독 나만 미워하며 조가 놈 씨 하며 매를 맞은 생각이 났다.
　"엄마 어릴 때 나보고 조가 놈 새끼라고 아버지가 매질할 때마다 말을 하시던데 그 말에 대해 좀 알아봅시다." 하니 어머니가 하시던 말씀이 "너는 이 세상에 오지 않아야 했는데 어쩔 수 없었단다. 내 나이 27살에 너의 아버지가 진주에 갔다 오다가 산청군 신안 원지 다리를 건너다 밑으로 굴러서 많이 다쳐 한 반년을 못 일어났지. 대소변(똥, 오줌)을 못 가리고 다리는 그때 다쳐 못 쓰게 되면서 절고 지팡이 없이는 다닐 수 없을 때 쯤 우리 옆집에 살던 내 나이와 같은 젊은 총각이 있었어. 어찌하다 너를 임신하게 되어 너를 지우려고 간장을 한 그릇 마시고 뒷산에 가서 몇 번을 굴러 보았지만 유산이 되지 않아 결국 너는 이 세상에 올 운명인지 상고달이 되어 너가 태어났었단다."
　"너를 낳고 두세 시간이 지난 후 네 아버지가 와서 그날도 몸을 움직이지 못하고 있는데 너의 아버지는 그때도 화투를 치러 다녔어. 그날도 밤새 화투를 치고 왔는데 너를 낳은 것을 알고 큰 사구(물동이 항아리)에 길어 둔 물을 다리가 불편하여 그 물동이를 들지 못하니 간난아이인 너하고 누워있는 나한테 바가지로 계속 물을 퍼부어 겨우 옮겼다. 너를 걸레에 싸서 윗목에 두고 나도 몸이 불편해서 약 이틀간을 그냥 두었는데 네가 울지도 않고 하여 죽었나 보다 하고 너를 버리려고 걸레를 열어 보니 네가 죽지 않고 울지도 않고 눈을 뜨고 나를 보고 있더라. 그래서 난 너의 외할머니께 기별을 했지. 그때는 네 외갓집이 우리 집보다 조금 떨어져 살고 있어서 외할머니가 너를 데려다가 밥물을 먹여 살렸단다. 너는 주로 외갓집에 많이 갔는데 그러던 중 외갓집은 삼촌들 공부 때문에 진주로 이사를 가는 바람에 우리는 산청군 삼장이란 곳에서 살다가 네가 네살 때 외갓집 근처로 이사를 왔단다.

  너를 낳은 후였으니까 아버지는 나를 꼼짝도 못하게 하였지만 심심하면 나를 때려 매도 상당히 많이 맞았다" 고 하였다. 나는 엄마에게 이런 말을 듣고 나니 분별력(정신적 판단이 좀 떨어지는)이 없는 우리 어머니지만 내 어머니가 너무나 불쌍한 생각이 들면서 항상 가슴이 아팠다.

  한편 나는 이런 사실을 남들이 알까 두려웠으며, 나 김기자 라는 존재가 너무 싫었다. 사람이나 모든 사물이 그 번호에 들어가야 남 보기가 싫지 않고 모가 나지 않는 법인데... 우리 어머니 삶이 너무 불쌍했으며 유년시절의 나는 내 미래에 대한 꿈을 가질 여력도 없었다. 오직 불쌍한 어머니 그 속에서 태어난 동생 먹여 살리는데 여력을 다하면서 내 나이 열네 살 가을 무렵 되어갈 때 아버지는 화투를 치다가 싸움이 나서 쓰러져 말도 못 하는 사람이 되었다. 대소변도 받아내야 할 정도의 그런 사람이 되어 우리집 일이 하나 더 늘었다. 언니는 시키는 대로만 하지 자기 스스로 판단을 할 줄도 모르면서 하기 싫은 일은 또 하지 않았다.

그해 1957년 겨울 동짓달 동생 상조가 두 살 때 어머니는 막내 아홉 번째를 출산하였다. 아버지는 불편한 다리를 하고도 화투를 치러 다니다 쓰러져 아예 몸을 움직일 수가 없게 되었다. 그리하여 나는 아버지의 대소변을 받아내어야 하고 죽을 만들어 먹이는 등 아버지 병 수발까지 해야 했다. 언니는 그런 것도 할 줄을 몰라 모든 일을 나 혼자 해야만 하니 잠잘 새도 없이 힘들었다.

그때는 내 밑으로 동생이 5명, 바보 언니 등 이런 가족 속에서 나에게 꿈이라는 단어는 사치였고 상상도 못 했다. 하루하루 먹고사는데 너무도 힘들었고 하루 한 끼로 살아왔다. 항상 우리 집은 거지 집이라고 동네에 사는 우리 또래 아이들은 나를 놀려대곤 했다.

큰오빠, 작은오빠가 집을 나간 우리 집에서 나는 가장이 되어야 했으며 아무리 노력을 해도 항상 배는 고팠다. 그렇게 사는 동안 그 해가 지나고 1958년이 시작되던 음력 설 우리 집에서는 남들처럼 떡, 음식을 만들 수가 없었다. 나는 진주 유곡동 외갓집에 가서 외할머니가 챙겨준 음식들을 가지고 와서 동생들을 먹였다. 막내를 낳았을 때 외할아버지가 쌀 한가마를 여러 포대에 나누어 진주에서부터 버스에 싣고 오셔서 그 쌀로 김치죽을 끓여 연명했고 때로는 내가 밥을 얻어다 생계를 이어가기도 했다.

그렇게 지내던 1958년 음력 설 1월 5일 새벽 아버지가 사망을 하셨다. 나는 그 순간에도 지인, 친척들에게 이 소식을 알리기 위해 여러 곳으로 분주하게 뛰어다녔다. 진주에 계시는 큰어머니 댁에 연락을 하고 외갓집에 가려고 하니 어머니가 외갓집에는 가지 말라기에 가지 않았다. 또 그때 큰오빠는 사천 공군에 있었기에 내가 공군 사무실이란 곳을 찾아가 큰오빠 이름을 말하니 자기들끼리 연락하고 오빠 김병기한테도 연락한 후 오빠가 집으로 갈 것이라고 하였다. 그런데 큰어머니께서 오지 않아 나는 걱정이 되어 해가 질 무렵 동네를 다니면서 우리 아버지가 죽었어요. 도와주셔요. 하며, 제일 먼저 문씨 할아버지에게 갔었다. 그때 그 할아버지가 몇 사람을 말하면서 할아버지 주머니에서 그때 돈 10원을 주시며 형곤이 집, 판수집, 몰구리 조씨집, 청일이집에도 가고 조정구 집도 가라고 하시면서 빨리 다니라고 했다.

나는 문씨 할아버지가 시키는 대로 가라는 집을 다니면서 관 하나 살 돈을 동냥하여 만들었다. 나는 그 돈을 어머니한테 주었더니 형철이 아버지께서 다음날 사천에 가서 동냥한 돈으로 관 하나를 사 오라고 했다. 그래서 형철 아버지, 판수 아버지, 서생원이라고 불리우던 판새 아버지, 조정구라는 사람 네 사람이 관을 끈으로 매어 내가 땔감 나무를 하려고 사 놓은 우리 뒷집 산에 안장을 했다. 큰어머니와 큰오빠도 아버지가 사망했다고 소식을 전했는데 오지 않았다.

나 김기자는 1959년 음력 설 지나고 아버지 초상도 치르고 했기 때문에 큰어머니를 찾아가 공장에 취직을 하고 싶다고 말씀 드렸다. 큰어머니 말씀이 누에코치 실을 뽑아 일본으로 수출하는 공장에서 종업원 모집을 한다기에 나는 그 회사에 입사를 하게 되었다. 부엌도 없는 단칸방에서 큰어머니는 6.25때 전사한 큰 아들 손자와 작은오빠와 같은 해 태어난 오빠와 세 식구가 세 들어 살고 있었는데 나는 당분간 그곳에서 두 달간 있었다. 하지만 점심 도시락은 아예 싸줄 형편이 되지 않아 나는 거의 매일 점심은 굶어야 했다. 월급을 타면 시골에 어머니와 동생들을 도와줘야 하고 또 큰어머니 집에 하숙비도 줘야 했는데 큰어머니는 그 월급을 통째로 달라고 했다. 그때도 내가 잊으려 애썼던 아버지가 평상시 나에게 하시는 것처럼 큰어머니가 하는 말이 "너는 우리 집 식구가 아니야. 너는 조가야 난 너를 낳게 해준 사람을 안다. 너는 그와 이마가 꼭 닮았고 눈도 크고 꼭 닮았어" 라고 드러내 놓고 나에게 그랬다. 나는 이 사실을 누가 알까 두려웠다. 두 달 있는 동안 월급을 타면 큰어머니는 월급 전체를 달라고 하면서 강제로 돈을 빼앗다시피 가져가곤 했다.

　나는 더 이상 큰어머니 집에 있을 수 없어 친구 집으로 가게 되었다. 며칠을 지내는 동안 월급날이 되어 월급을 타서 공장 문밖을 나와 친구 집으로 가고 있을 때 작은오빠와 같은 해 태어난 큰어머니 아들이 막무가내로 끌고 가 때리며 돈을 뺏어 갔다. 난 내 신세를 한탄하며 이 세상에 내 마음대로 할 수 있는 것은 아무것도 없다 싶어 너무 슬퍼 펑펑 울면서 유곡동 외갓집으로 갔다.

　외갓집 옆에는 같은 공장에 다니는 네 살 더 많은 언니 두 명이 외갓집에서 2km로 되는 망경남동 공장까지 다니고 있었다. 나는 아침 7시부터 공장 일을 해야 하기에 할머니께서는 아침 5시면 일어나 내 아침밥을 챙겨주셨고 도시락을 싸 주셨다. 난 느꼈다! 이런 것이 가족의 사랑이라는 것을 할머니에게 난생처음 느껴보았다. 지금도 생각하면 할머니가 그립고 너무 보고 싶다. 눈물이 난다. 이날까지 살아오면서 유일하게 나에게 가족 사랑을 주신 우리 할머니! 나의 항상 나만 보면 불쌍하다고 나하고 관련된 일이라면 늘 많은 관심을 가졌다.

그 당시 우리 공장은 진주에서는 규모가 제법 큰 회사였다. 매주 일요일은 쉬었다. 나는 월급을 받아 일요일이면 시골 어머니한테 갖다 줬다.

나는 성인이 될 때까지 외할머니 사랑을 우리 형제들 중 제일 많이 받은 것 같다. 그때 내 나이 16세 비로소 세상사는 재미도 조금 알게 되었고, 친구도 알게 되었으며 외갓집 옆 나와 같은 회사에 다니던 언니들은 나를 많이 사랑해주었다.
우리 외할머니는 항상 그 언니들을 보노라면 "저 어린 것 좀 잘 데리고 다녀 달라"고 부탁도 했다. 나는 세상을 살아가면서 어려운 일이 생기면 외할머니 생각이 먼저 났다. 지금 이 글을 쓰는 순간에도 외할머니 생각에 가슴이 찡하다. 나도 이제 할머니가 되었지만, 그때 그 시절 나의 할머니가 그립다.
꿈속에서도 외할머니를 보면 좋은 일이 생긴다. 할머니는 저세상에서도 나를 생각하나 보다.

3부 지난날을 회상하면...

30 기나긴 터널을 지나면서
    큰소리로 외치고 싶다

나라는 존재는 오직 외할머니가 어머니였다

　우리 집에서 명주 짜는 일을 할 때 나는 우리 집의 모든 일에 필요한 사람이었다. 누에고치 실 푸는 일도 인부 한 사람 몫의 일을 하고, 또 시간만 나면 동생들을 업어서 돌봐가며 키우다시피 했다. 갑조는 우리 어머니가 37세 때, 아버지 환갑 때 낳았다고 이름을 갑조로 지었다고 한다. 갑조는 내가 키웠다.
　애를 업고도 실 감는 일을 했다. 명주를 짜면서 베틀에 올리기 위해 잉애라는 일이 있는데 이 일은 나와 큰오빠밖에 하지 못했다. 언니 태순은 바보라고 아버지 공장 일을 시키지도 않았고 애도 보라고 하면 애를 돌봐 줄 줄 모르고 겨우 밥하는 데만 도움을 줬지만 눈 깜짝할 사이 실수를 하니 무슨 일이든 맡길 수 없었다. 밥하다가 불도 세 번이나 냈다. 무서워서 일을 맡길 수가 없었다.

　나는 열 살 때 갑조를 업어 키우느라 등에 등창이 생겨 너무나 아팠는데 약을 발라주지 않아 등살이 여기저기 썩어들어 갔다. 그때가 여름이었는데 7~8군데 종기가 생겼는데도 약도 바르지 않고 치료를 해주지 않아 상처가 있는 상태에서 계속 동생 갑조를 업어야만 했다. 나는 등이 너무 아파 잠깐 우리 뒷집 춘자 집 마루에 동생을 잠깐 내려 두었다가 추스르는 순간 동생 갑조가 마루 쪽으로 기어가 마루 밑으로 굴러 이빨 두 개가 빠지는 일이 생겼다. 그때 아버지한테 많이도 맞았는데 얼마나 맞았는지 온몸에 피투성이가 되고 등에 종기 난 곳을 때려 너무도 아팠다. 그러던 중 아버지가 공장으로 사용하던 곳이 있는데 이곳은 공장이라기보다는 창고였던 그곳의 지붕과 벽을 새 짚으로 갈아줘야 했기에 그해 가을일을 마치고 외할아버지께서 오시게 되었다.

할아버지는 내 등을 보시고 어머니를 야단치며 하시는 말이 "아이를 죽이려고 등이 다 썩어 가는데 이대로 두냐"고 크게 호통을 치셨다. 할아버지는 진주 할아버지 집에 가서 쌀까지 가져오셨고 약으로 쓰려고 들과 산에 누룹나무를 캐다가 말리셨다. 아마 그때 할아버지가 아니었으면 내 몸은 어떻게 되었을까? 약재가루를 만들어 온몸이 썩어 가는 상처를 한 달간 치료하여 나를 낫게 해주신 외할머니와 외할아버지는 내게 부모님 같은 존재이시다. 지금도 등에는 흉터 자국이 남아있어 대중목욕탕으로 목욕을 하러 가면 사람들이 무엇 때문에 이렇게 흉이 있냐고 말들 하곤 한다.

세상은 마음대로 살 수 없다는 것을 어린 나이인 열 살 때 부터 체험을 했다. 그러나 나는 한 세상을 쉬지 않는 파도와 강풍과 만나고 세찬 소낙비 속을 한없이 헤매며 살아야 했다. 한순간 바람이 멈추고 태양이 잠깐 비칠 때조차 한숨을 돌리며 하늘을 한번 보는 순간 어느새 먹구름과 바람이 달려와 어린 나의 가슴을 세차게 때렸다. 외할머니는 연로하신 나이에도 나(사랑하는 손녀)를 위해 새벽밥 하느라 고생을 많이 하셨다.

외갓집에서 공장을 다닌 지 1년 정도 된 무렵에 내 나이 17세가 되던 여름쯤 월급이 조금 올라 여유가 생겼다. 그 덕으로 같은 공장에 다니던 친구의 소개로 우리 공장에서 좀 가까운 1km 정도 되는 진주 본성동에 방을 하나 구하여 혼자 자취생활을 하게 되었다. 그때 기억에 큰오빠는 진주에 있는 소방서에 취직했다고 하면서 동생 기옥이를 중학교에 보내 주겠다고 하였는데, 나는 내가 공부 못한 것에 대한 아쉬움과 미련으로 힘닿는 데까지 동생이 공부하는 데 도움을 줘야 한다는 사명감이 뼛속까지 새겨져 있었다. 한 반년이 넘어 다음 해 3월 초 동생 기옥이를 큰오빠가 중학교에 입학시키고 나의 자취방에서 함께 거주하도록 하였다. 나는 공장을 다녔고, 동생은 진주여중에 다녔다.

여름이 되던 어느 날 밤 큰오빠가 진주 소방서 근처에 자기도 자취방을 얻어 생활하는데 잠만 자고 다니는 집이라고 하면서 동생을 불러 어떤 여자를 인사시키려고 오라는 것이었다. 동생 기옥이는 그것도 모르고 밤길이 무섭다면서 나더러 같이 가자고 했으나 평소 큰오빠는 나를 자기가 사는 집에 오지 못하게 하여 한 번도 간 일이 없었다. 큰오빠는 내가 공장에 다니고 어릴 때부터 아버지가 조가놈 새끼라고 두들겨 패는 것을 보아서 그런지 나를 벌레 같이 생각하고 옆에도 못 오게 하면서 눈도 마주치지 못하게 하였다. 나는 큰오빠를 항상 무서워했는데 기옥이가 밤이라고 혼자 가면 무섭다고 하니까 같이 가게 되었다.

큰오빠는 같이 있던 여자한테 기옥이를 인사시키려고 했는데 나와 기옥이가 함께 방으로 들어갔더니 그 여자가 나를 보고 "아 여기가 동생이구나." 하는 것이었다. 이에 큰오빠는 화를 내면서 기옥이 동생을 손가락으로 가리키며 "아니 여기는 내 동생 중학교에 다니는 동생"이고 나를 칭하며 "야는 우리 동네서 공장에 다니는 아인데 같이 왔나 보다" "너는 왜 혼자 오지 남을 데리고 다니냐"고 야단을 쳤다. 그 여자가 바보라도 알 수 있었을 것이다. 기옥이는 아버지를 닮아 눈이 부숙하고 눈이 적고 쌍꺼풀이 없는데 큰오빠와 난 어머니 눈을 닮아 눈이 크고 쌍꺼풀이 있었다. 난 순간 아무 말도 못 하고 집으로 돌아왔다.

집으로 돌아와 나를 공장 다니는 아이라고 칭하며 기옥이를 보고 야단치던 모습을 혼자 생각하니 너무 가슴이 저리고 아팠다. 지금 이 나이에도 그때 큰오빠의 그 말들이 내 가슴에 상처로 남아있다. 내가 중년이 넘어설 때까지 아버지를 두들겨 패고 내 나이 13세 때 집을 나간 큰오빠를 만나 본 것은 아마 다섯 번도 채 안 될 것이다.

그 후 내 나이 18세 되던 해까지 나는 큰오빠에게 오빠라고 불러 보기도 무서웠다. 동생과 둘이서 같이 지내다 나는 갑자기 급성 신부전증이 생겨 눈을 못 뜰 정도로 아파 공장에 못 가게 되어 병원을 갔다가 입원을 하라고 했다. 하지만 월급을 타면 어머니한테 일부는 보내고 일부는 동생 기옥이 하고 생활했기 때문에 내게는 돈이 없어 입원할 수가 없었다.

병원에서 조금씩 주는 약을 먹었지만 치료되지는 않았다. 나에게는 부모 같은 외할머니를 찾아갔다. 할머니는 나를 보는 순간 깜짝 놀라 손을 잡고 진주 평거동이란 곳에 유명한 한의사가 있다고 데려가 진맥을 하니 콩팥이 심하게 급성으로 나빠졌다고 며칠 분의 약을 지어 주시면서 며칠은 집에서 쉬라고 하였다. 외갓집에서 할머니의 극진한 간호를 받아가며 치료를 하고 나의 병은 완쾌가 되었다. 그때는 공장에서 병가라는 방침도 없을 때라 당분간 회사를 쉬게 되었다. 그때 내 나이 18세 여름이 지나고 있었다. 나는 우리 집 형편에 집에는 있을 형편이 되지 않아 외갓집에 가서 할머니 가사 일과 할아버지 농사일을 도우면서 이삼 개월씩 쉬고 있었다. 그때 공장에 같이 다니던 나보다 3살 더 많은 한 친구도 허리가 안 좋아 집에서 쉰다고 하면서 자기 집에 놀러 오라고 하여 두세 번 놀러 가게 됐다. 그 친구가 하는 말이 서울에서 양장점 하는 잘 아는 사람이 있는데 거기 '기술 배우러 갈래' 하고 물어보기에 그때는 공장에 다니는 것보다 양장 기술을 배우는 것이 좋겠다고 해서 그럼 같이 가서 한번 해보자고 했다.

  자기가 경비를 다 댄다면서 거기가면 숙식도 해주고 기술 배우는 동안은 월급이 공장에 다니는 것보다 적지만 한 1년만 있으면 공장에 다니는 월급의 배가 된다는 것이었다. 또 양장점을 후에 할 수 있다고 하니 꿈을 안고 그 친구 따라 서울을 가게 되었다. 나와 그 친구가 서울역에서 만나기로 한 사람은 30대 중반인 멋쟁이었고 그 사람과 함께 버스를 타고 간 곳은 내가 처음 가본 곳으로 인천 부평동이란 곳이었다. 그때 도착한 시간이 오후 4시쯤이었는데, 그곳은 식당도 아니고 어떤 이상야릇하게 생긴 집이었다. 그래서 난 친구에게 물었다. 여기가 양장점이 아니고 영화에서 보는 이상한 집인 것 같다고 말이다.

  그새 밤이 되어 친구는 어떤 사람이 데리고 나가고 나는 굴속 같은 방에서 밤이 새도록 무서워 잠을 못 자고 날밤으로 지새웠다. 친구는 아침에 돌아와 잠을 자고 있는데 우리를 감시하는 사람이 있었다. 나는 아침이 되어 주방에 나갔더니 주방의 아주머니가 내게 심부름을 시켰다. "이 집 앞으로 나가 저리로 조금 내려가면 부식 가게가 있다. 거기 가서 파 좀 사 오너라." 하여 가게를 지나 한참 가다가 이때다 싶어 아무 데나 한참을 뛰기 시작했다. 지나는 사람들에게 파출소가 어디냐고 묻고 파출소에 가서 사정 이야기를 했다. "나는 진주에서 왔는데 집으로 갈 차비도 없고 친구는 그 집에서 감시를 받고 있어요. 우리 좀 구해 주세요." 했더니 친구가 있는 곳으로 경찰관 두 명이 나와 동행하여 친구와 나는 옷 보따리를 가지고 나오게 되었다.

그 길로 서울에 있는 큰오빠를 찾아 나섰다. 큰오빠는 청와대 경비실에 근무할 때라 청와대 들어가는 입구에 가서 큰오빠 이름을 대면서 동생이라고 말했더니 금방 큰오빠가 나와서 야단을 쳤다. 그리고 나를 자기 집(큰오빠)으로 데려갔다. 큰오빠는 서울에서 결혼식을 하고 결혼한 지 몇 달 되지 않았으며 그때가 밤이었다. 나는 온종일 끼니를 거르고 굶은 상태인데 내가 밥을 먹었는지는 안중에도 없었다.

나는 굶주린 배를 안고 부엌에서 잠을 자는데 두 부부가 싸우는 소리가 들렸다. "누구냐, 왜 저런 사람을 우리 집에 데리고 오냐"고 싸우며 "돈 한 5천 원 있으면 새벽에 줘서 쫓아 버리라"고 하더니 날도 새기 전에 큰오빠는 나에게 돈 3천 원이면 진주를 갈 것이라고 하면서 밥도 주지 않고 날 쫓아내듯 하였다. 날도 새기 전 큰오빠 집에서 나와야만 했다. 친구와 서울역에서 만나기로 약속을 한 시간이 한참 남아있었지만 오갈 데도 없어 하는 수 없이 나는 서울역으로 가야만 했다.

한참 후 친구는 약속장소에 왔다. 그 친구는 나와 헤어져 친척 집으로 갔는데 밥도 먹고 돈도 만 원을 받았다고 자랑을 했다. 나는 아무 말도 할 수가 없어 "나는 일찍 나온다고 아침도 못 먹고 했다"고 하면서 서울역 근처 찐빵 파는 곳에 가서 찐빵 두 개를 사 먹었다. 둘이서 이런저런 생각을 하던 중 친구가 갑자기 진주에서 공장 다닐 때 기숙사에 같이 있던 차 언니란 사람이 경북 영주에 있다고 하였다.

　나는 그곳을 진주의 잠사 공장 분점으로 알고 있었고 나와 같이 근무했던 김 과장 이란분도 진주에서 파견 근무 나와 있다고 했다. 그곳을 친구가 가보자고 하기에 우리는 그곳으로 갔다. 도착하니 정문 앞에서 한 50세 정도 된 신사 한 분이 "아가씨들 여기에 왜 왔냐"고 물어 취직하러 왔다고 했더니 "기술은 있나요?" 하고 물었다.

　4~5년 경력이 있다고 했더니 상주에 가면 농잠 고등학교가 있는데 거기 직원실 습소 직원이 부족하여 이곳에서 기술이 좋은 사람을 구하려고 왔다면서 여기 공장보다 좋은 대우를 해줄 테

직장시절 18세때 동료언니와

니, 갈 수 있냐고 물었다. 친구가 무작정 가자고 하였다. 그는 "내 이름은 김주엽"이라고 자신을 소개하면서 갈 수 있으면 가자고 하여 우리는 상주로 가게 되었다. 아마 그때 내 나이 18세 친구는 21세로 내가 친구보다 어려도 생각은 내가 더 깊었던 것 같다.

우리가 그곳 상주란 곳에 도착해 보니 실습실엔 실 푸는 기계 6개, 실 풀어서 다시 타래란 것을 만드는 기계 하나, 총 책임자는 김주엽 선생님이 계셨다. 실습하는 날은 일주일에 4번이었다. 그곳에는 큰방 하나, 주방 하나, 기술자 4명이 있었는데 이들은 나보다 3, 4살이 많은 언니였다. 그곳에서 생활하는 동안 어린 나는 항상 그 언니들의 심부름꾼으로, 그 방에서 대장 언니는 나를 자기 종으로 생각하고 어린 내가 똑똑한 것이 무척 귀에 거슬린다고 왕따까지 합동으로 시키는 것이었다.

진주잠사회사다닐때 친구들과

어느 날 목욕을 하러 갔다가 목욕탕에서 내 또래 친구를 만났는데 그 친구가 나와 같은 나이의 고등학교 2학년이라는 것이었다. 그 친구가 몸이 조금 아파 학교를 쉰다고 하면서 쉬는 날이면 자기 집에 놀러 오라고 했다. 일요일이면 그래서 그 친구 집에 자주 갔고 친구 집은 방앗간을 하고 있었는데 꽤 잘 살았던 집안의 친구로 기억에 남아있다. 우리가 있는 실습실에는 일주일에 4번씩 고등학교 2학년생들이 실습을 하러 왔었다.

나에게도 사랑이란 두 글자가 찾아오는 모양이었다. 난 자라면서 이성에 늦게 눈을 떴던 것 같다. 누가 나를 좋아해도 눈치를 채지 못했다. 어느 날부터 실습실로 일주일에 약 3회 정도 오는 나와 같은 나이의 고 2학년 남학생이 있었는데 어느덧 우리는 친구가 되었다. 그 친구는 일요일이면 나를 자기 집에 데리고 갔고 이상한 편지(아마 일명 연애편지였음)도 주고 했지만 난 친구 이상은 생각을 못 했다.

내가 그곳에서 한 3개월간 있다가 방학을 하여 진주에서 자취하던 집으로 다시 가서 기옥이 동생과 같이 자취생활을 하게 되었다. 상주 농잠 학교에 3개월간 있을 때 남○○이란 그 친구한테

상주농장고등학교에서 농장기술을 지도하면서(1964)

진주에 살던 주소를 주고 왔는데 다시 진주 망경남동 공장에 재직하여 다닐 때 남○○ 친구가 몇 번을 나에게 편지를 한 모양이다. 나는 아침 일찍 공장에 가느라고 편지가 온 줄도 몰랐고 그때 동생 기옥이가 그 편지를 나한테 주지 않고 오빠한테 이른다고 놀려먹다가 약 1개월이 지나서야 그 편지를 받게 되었다.

내용인즉, 나를 사랑한다는 말과 내가 상주를 떠나던 날 내가 이 친구에게 기차출발시간이 10시쯤이라고 말한 것을 새겨듣고 그 시간 기차역에 나와 나를 만나려고 했다는 것과 내가 갔는지 늦게 오는지 몇 시간을 기다렸다며 편지 좀 해달라고 두 번이나 편지를 보냈다는 것이었다.

나는 그때 8시쯤 출발하는 기차를 타고 왔다. 그가 아무리 기다려도 날 만날 수 없었던 것은 당연할 일이었다. 동생 기옥이한테 한 달여 만에 받은 이 편지는 주소가 적혔을 봉투는 주지 않아서 알맹이만이었다. 그때는 생각 없이 동생이 나를 골려 먹으려고 했다는 생각만으로 약이 올랐을 뿐 미처 이 친구에게 아무런 연락도 할 수 없다는 사실은 자연스럽게 바쁜 생활 속에 묻혔던 것 같다. 지금이라도 이 친구를 만난다면 답장할 수 없었던 사정을 얘기하고 사과를 하고 싶다.

그것이 내가 느낀 첫 이성이었나 보다. 남○○ 친구도 내가 첫사랑이란 말을 편지에 적었었다. 이 글이 책으로 인쇄되어 세상에 나가고 그도 이 책을 볼 기회가 있다면 좋겠다. 살아 있다면 한번 만나고 싶은 사람이다. 1963년 겨울 방학 때를 떠올리며 지금도 상주에서 김천역을 지나갈 때면 그 친구의 기다림과 편지가 생각나고 이는 내게 따뜻한 추억으로 남기도 했다.

나 김기자가 이 세상에 온 뒤부터 자식으로 사람으로 대접을 받아 본 일은 거의 없었다. 그때까지는 김봉석이란 아버지의 노예에서 큰오빠가 시키는 대로 복종해야만 하는 그들의 종에 지나지 않았다. 아버지 조수인 큰오빠는 내가 어릴 때도 자기 옆에는 오지도 못하게 했고 나는 그의 눈도 바로 보지 못했다. 죽으라면 죽는 시늉을 해야 했으며 항상 무서웠다.

  돌이켜 생각하면 김기자의 자유시간은 경상북도 상주 농잠 고등학교에 있을 때였던 것 같다. 내 생에 인생이 이렇게 살수도 있나 하고 조금씩 세상의 맛이랄까, 처음으로 느껴보는 자유이며 행복했던 나날이었다.

  동생과 자취하며 여전히 나는 공장에 다녔고 어느새 동생은 중학교를 졸업하고 서울에 있는 큰오빠한테 올라가면서 난 자취방을 정리하고 공장 기숙사에 들어가게 되었다. 시골에는 동생 셋이 있었다. 막내 성조는 내가 경상북도 상주에 왔을 때 저세상으

성탄절날교회에서(1963년)

로 간 지가 7일이나 지났다고 하였다. 내가 옷도 만들어 입혔고 지금도 생각나는 건 상조는 아홉 살에 학교 갔지만 여덟 살에 학교를 보내 달라고 했던 말이 가슴 아프다. 경북 상주에서 곤양 집에 왔을 때 성조가 많이 아파 하늘나라로 갔다는 소식을 듣고 나는 순간순간 못 해준 것이 떠올라 가슴이 미어지고 슬펐다. 학교 갈 때 주려고 공책도 사서 왔는데 제대로 한번 배불리 먹여보지 못한 것이 후회되고 못내 가슴에 한으로 맺혔다. 한 이십여 년 사는 내내 동생은 꿈속에서 한 번씩 나타나곤 했다.

내가 공장 기숙사에 입성하여 사는 동안 그때는 서울에 사는 큰오빠가 시골에 돈 몇 푼씩 줬지만 나도 공장에 다니면서 열심히 돈을 벌어 동생들 한 끼라도 덜 굶기려고 노력하는 등 시골에다 돼지를 사서 키우기도 했다. 그 당시 우리 집은 땅 한 평이 없

진주촉석루 의암바위에서
왼쪽 동생과 아는언니 나 10대후반때

었는데 내가 19세가 될 때 우리 뒷집에 살던 무기 어머니가 자기 밭 100평을 무기가 군대에 간다고 하여 내가 키우던 돼지를 팔고 조금 돈을 더 만들어 그 땅을 사게 되었다. 그때 나의 기분은 말로 표현할 수 없을 정도로 좋았다. 처음 내가 땔감을 하기 위해 춘자 아버지(이정수)에게 산 산하고는 달리 이 땅에는 곡식도 심어 수확할 수 있고 개간을 해 무엇을 심어도 잘 크지 않는 산 땅보다 곡식을 심어 수확할 수 있는 땅이어서 너무 좋았다.

나는 열심히 살았다. 기숙사 있을 때는 기숙사 사람은 때로는 밤 열 시까지 잔업을 할 수 있어서 열심히 하여 동생들 키우는 데 도움을 주었다. 태순이 언니도 모자란 사람이지만 시집을 가야 했다. 우리 동네에서 스물두 살이 넘도록 처녀로 있는 집이 없었다. 돈도 없고 사람이 모자라니 집에선 언니를 시집보내는 게 쉬운 일은 아니었다. 나는 공장에 다니면서 명절 때면 시집갈 준비를 하라고 옷값을 보내곤 했다.

내가 16세 때부터 19세가 될 때까지 일 년에 명절 두 번씩 받은 옷감으로 돼지를 샀다. 그때는 돼지를 사서 키우는 게 지금 같으면 통장에 돈을 만드는 방법이나 마찬가지였다.

옛날 아버지가 생전에 키우던 돼지우리가 있어 어머니 보고 키워 달라고 하고 5일에 한 번씩 장날이면 무거운 짐을 싣고 다니는 수레(소달구지)에 세를 조금 주고 돼지 사료를 사서 어머니한테 부탁하였다. 그렇게 해서 돈을 만들려고 하면 작은오빠가 군대에서 사고를 쳤다고 두 번을 팔아 가져갔고 19세 때 태순 언니를 나도 모르게 시집을 보냈는데 내가 공장에서 시집갈 때 가져간다고 모아둔 옷감과 또 돼지를 팔아 시집을 보냈다.

그때 나는 우리 어머니가 그렇게 분별력 없이 사는 사람인지를 새삼 깨달았다. 그래도 3년을 준비한 내 물건을 아무 말 한마디 없이 다 써버리다니, 나는 세상을 살면서 꿈이라기보다 남들이 다 하는 시집가는 일조차도 생각할 수 없게 상처를 받았다.

4부 나의 스무 살 시절엔

46 기나긴 터널을 지나면서
    큰소리로 외치고 싶다

고난이 되풀이되면서

　어느새 나는 스무 살이 되었고 공장에서는 차차 수입도 올랐다. 여동생 복달이가 초등학교 6학년이 되었는데 시골에서 그때는 자기가 먹을 것은 자급자족할 나이가 되었던 것 같다. 내가 21세 될 때는 공장에서 윗사람들로부터 조금씩 신임을 받기 시작했다. 열 한 살 때 야간 학교에 두어 달 다니면서 한글과 구구셈을 배운 덕에 시간만 있으면 책을 사서 읽었고 기숙사에 같이 있던 언니들에게 연애편지도 읽어주고 답장도 써주고 조금씩 내가 살아가는 것을 깨우쳐 가고 있을 때였다.

　공장에서는 누에고치가 주원료인지라 시골에서 잠업(누에고치)을 많이 하여야 주재료를 많이 구할 수 있었기 때문에 윗분들은 머리를 짜내어 중·고등학교를 나온 사람들로 공장 종업원 중 100명 뽑아 진주에 있는 농대라고 불린 농과 대학으로 진학을 해주는 기회를 만들었다. 그때 교수님 한 분을 초청하여 100명을 뽑아 교육할 때 나 김기자는 11세 때 두 달을 학교에 간 것이 전부이지만 그때는 졸업장을 제출해야 하는 것이 아니고 본인한테 학교는 어디까지 나왔냐고 물어서 입학 여부를 결정했었기 때문에 나는 초등학교를 나왔다고 하였다.
　시험을 보았는데 나는 그 대열에 뽑혀 100명이 잠업에 대한 교육을 받게 되었고 다시 총 20명을 가리는데 그 대열에도 뽑히게

회사야유회에서1963년 직장동료들과

되었다. 외갓집 사촌 동생이 초등학교를 졸업하고 지금 같으면 검정고시 공부를 계속하였는데 나도 동생의 강일록이란 책을 밤이면 시간이 날 때마다 읽어가며 공부를 하였다.

나란 김기자를 모르는 사람은 중학교 이상 공부를 한 사람으로 알고 있었으나 기초가 부족해 그런지 내 생각대로 글씨는 잘 써지지 않았다. 하지만 책을 많이 읽어 아는 것이 많아서 중학교 이상의 실력을 쌓았고 농대 교수님의 100명을 교육으로 20명 뽑은 대열 속에 나도 당당히 일원이 되었다. 스스로 대견했다.

해마다 각 읍면에 배치되어 봄, 가을 두 달간씩 읍면 산하 소속으로 임시공무원이 되어 몇 년을 다니는 동안 월급도 많이 받았고 잠업 지도자가 되어 추가로 월급도 받았다. 나는 그때부터는 "나도 시집을 가서 남들처럼 살 수 있겠구나" 하는 생각을 하였다. 내 나이 19세 자취생활을 할 무렵 집주인 아주머니가 3년짜리 계를 하는데

첫 발령지 -신안면사무소에서

"너도 계를 해서 조금씩 돈을 모아 시집갈 준비를 해보렴." 하고 권유하기에 계를 하나 들어 3년을 넣었다. 계를 탄 돈은 내가 시집갈 자금으로 사용하기 위해 그 돈을 어머니께 맡아 달라고 드렸더니 어머니는 그 돈을 농속에 깊이 두었다. 그때는 통장을 만들 줄도 모르고 돈이 생기거나 중요한 물건이 생기면 농 속 깊이 감춰 두곤 했다.

내 나이가 21세 되던 봄이었나보다. 큰오빠가 서울 서대문 쪽에 집을 산다고 하니, 어머니는 기자가 시집갈 때 쓰겠다고 3년 계를 부어 탄 곗돈을 우리 집 농 속에 감춰 두었는데 어머니가 큰오빠한테 그 돈이 있다고 말을 해버렸다.

어느 날 일요일, 회사가 쉬는 날이 되어 어머니 살고 계시는 집에 갔더니 어머니께서 하는 말이 "큰오빠가 너 시집갈 때 쓴다

면사무소 근무중에 직원 벗들과

고 농 속에 넣어 둔 그 돈을 집 사는데 돈이 부족하다고 가져갔구나."라고 했다. 그때는 '큰오빠는 서울에서 경찰관을 하니 곧 갚아주겠지' 하고 생각하고 크게 걱정을 하지 않고 있었다.

내 나이 23세가 될 때였다. 면사무소에 근무하면서 우연히 알던 나보다 일곱 살이 더 많은 사람이 나한테 관심을 가지며 우리 가족들에 대해 물어왔다. 그때는 큰오빠가 경찰이라고 자랑스럽게 말을 했더니 오빠를 한번 만나게 해달라기에 시골 어머니한테 전했다. 그랬더니 몇 달 후 언제 온다고 하여 그때도 난 오빠 얼굴을 한번 똑바로 본 일이 없어 그 사람을 한번 만나봐 달라는 내용을 적은 편지를 큰오빠가 오면 좀 전해 달라고 하며 어머니께 드렸다. 그런데 오빠가 집에 왔다 간 후 집에 가서 어머니한테 그 편지를 오빠한테 줬냐고 물었더니 그것을 읽어 보더니 쫙 찢어버리고 갔다는 것이었다.

이십대 중반 무등산에서

내가 공부를 시켜 달라는 것도 아니요. 이제는 성장하여 시집을 가겠다는 말인데 오빠는 가져간 내 돈을 안 주려고 그랬던 것 같았다. 난 어릴 적에도 큰오빠는 내가 보는 앞에서도 뻔히 거짓말을 하기에 그것은 아니고 이것이란 식으로 말을 했다가 '내가 이것이면 이것이지 네가 날 보고 대꾸하냐.' 면서 아예 말도 못하게 나를 죽일 정도로 팼다. 그때부터는 큰오빠가 하는 말이나

하는 행동에 대하여 난 한 마디도 대꾸할 수 없었다.

　겨울이 시작되면서 공장에 휴가를 내고 집에 왔다. 기침이 자꾸 나고 온몸이 떨려 집에 올 때 사 온 감기약을 먹었다. 너무 슬펐고 모든 것이 내 삶에서 비껴간 것 같아 서럽고 나 김기자는 여기까지 오는 동안 가족들로부터 사랑과 관심을 받은 적이 없다는 생각에 자꾸 서러워지고 눈물이 흘렀다. 다만 유일하게 외할머니께서 나를 아껴주고 사랑해주셨지만 이미 할머니는 연세가 연로하여 이제는 아무 도움을 주질 못했다.

　나는 이제 더는 살아갈 의욕과 희망이 없었으며, 산다면 동생들 생계 역시 책임져야 했다. 문득 내가 진주 공장 다닐 때 아는 언니가 자살했던 일이 생각났다. 그 언니가 진주에서 감기약을 많이 사서 먹고 자살한 것을 보고 나도 그대로 하겠다는 결심을 하기에 이르렀다.

　진주에서 곤양 집으로 오면서 감기약을 많이 사왔다. 그날은 동생들이 학교 가고 어머니가 마실을 가면 온종일 오지 않는 날이 많으니 그날이 내가 저세상으로 가기는 좋겠구나 싶어 이틀을 아무것도 안 먹고 고민을 하다가 나는 그만 약을 먹고 말았다. 하지만 죽을 운명이 아니었던 모양이다. 마침 우리 동네 사는 종구라는 아저씨가 우리 어머니한테 무슨 일이 있어 왔다가 내가 약을 먹고 발광하며 거품을 토하는 것을 발견한 것이었다.

　이웃에 마실 간 어머니를 찾았지만 못 찾고 이웃에 살던 갑중이 어머니를 불러 싱건지(동치미) 국물을 먹이고 계속 먹여 씻어내어 3일 만에 정신을 차릴 수 있었다.

종구 아저씨를 만났을 때 아저씨는 너무 가슴 아파하면서 너같이 야무지고 예쁜 사람이 왜 이런 짓을 하냐면서 나를 달래셨다. 아저씨는 내가 알기에 시골 살아도 지식도 상식도 풍부한 분이었다. 나는 정신을 차렸을 때 그 종구 아저씨는 며칠을 종종 오시면서 나한테 사연을 물어보았다.

하루는 그래서 그 아저씨한테 처해진 내 사정을 고백했더니 불쌍한 자식이라면서 "그래도 살면서 억울함을 풀어야지 죽으면 누가 알아주나? 너한테 잘못이 있어 죽은 줄 알지 너의 그 억울한 사정을 누가 알겠니. 꿋꿋이 살아서 성공해라, 똑똑한 사람이니 꼭 성공할 거야." 라며 격려해 주셨다.
그때 삼 년간 시집가기 위해 준비해 둔 돈을 큰오빠가 가져간 사실을 연로하신 분들은 알고 있었다. 동네 분들은 나를 한 번씩 만나면 그 돈 받았냐고 묻곤 했다.

5부 내가 엄마가 되어...

54 기나긴 터널을 지나면서
    큰소리로 외치고 싶다

1968년 잊을 수 없던 그해 추운 겨울

마음을 잡지 못하고 있을 때였다. 이웃집에 사는 김○○ 되는 사람이 군에서 마지막 휴가를 왔다가 그 소문을 듣고 나한테 말을 걸어왔다. 김○○은 내 나이 17세 때 진주에서 자취할 때부터 나한테 호감을 갖고 있던 사람이었다. 하루는 극장표 같은 것을 2장을 가져와 자기랑 같이 극장 구경 가자고 한 적도 몇 번이나 있었지만 한 번도 같이 간 일이 없었다.

난 사는 데 힘이 들어 아예 그런 쪽에는 관심도 없었다. 그렇게 몇 년을 나를 쫓아다녔지만 나는 그 사람에게 관심도 없었다. 내가 여러 번 거절을 한 탓일까 어느 날 이웃집에 사는 내 친구가 이 사람과 자기가 사귄다고 말을 해 왔다. 그런데 그 사람이 마지막 휴가를 마치고 가는 날 사천에 가서 같이 밥 한번 먹자고 하기에 슬픔에 젖어 있는 나는 아무 생각 없이 그를 따라 진주까지 가게 되었다.

밥을 같이 먹고 진주역에서 기차를 탄다고 해서 배웅을 해주기 위해 진주역으로 갔다. 군인들만 태워서 가는 칸이 있는 기차에 그가 탔을 때 기차가 칙칙거리면서 엄청난 크기로 증기를 내뿜으며 출발하기 시작했다. 순간 그 사람이 내려와 갑자기 내 손을 잡아끌고 기차에 탑승한 것이었다. 정말 순간적인 일이었다. 난 군인들 속에서 얼굴을 들 수가 없었다. 그렇게 몇 시간을 가다가 삼랑진역에서 기차가 섰고 다른 기차로 걸어가 타고 간 곳이 서울역이었는데 여기에서도 또다시 다른 열차에 연결시켜 밤 11시경 도착이 되었다. 그곳은 경기도 가평이란 곳이었다. 밤이 되어 어디론가 가더니 군인들이 면회 왔을 때 가족과 쉬어 가는 곳으로 조그마한 가게에 나를 두고 가면서 그는 내게 잠깐만 있으라고 하였다.

부대에 가서 보고하고 온다고 하여 엉겁결에 경기도 가평이란 곳까지 가게 되었다. 나는 집에 갈 돈도 없고 입고 온 옷차림도 엉망이었고 그 순간 어디로 어떻게 가야 할지 막막하였다. 한 시간가량을 기다리면서 조그마한 가게가 딸린 집 방에 있었는데 그 사람이 왔다. 나는 오가지 못하는 신세가 되어버려 어쩔 수 없이 그 사람과 그렇게 며칠을 지내야만 했다. 며칠 후 그 사람이 차비를 준비해 주어 집으로 오게 되었다.

설을 지내고 마음을 추스른 후 다시 공장에 취직하려고 진주에 갔다가 친구 집으로 가게 되었다. 친구 집에서 친구 어머니가 밥을 차려 줘 친구와 같이 먹게 되었는데 우리 집에서부터 김치 냄새가 이상하게 싫었던 것처럼 밥상 위 김치를 보니 또 그 냄새가 싫어졌다. 슬그머니 상 밑으로 내려놓는 것을 친구 어머니가 보셨는지 나를 불러 네가 하는 짓이 꼭 아기를 가진 사람 같구나 하시면서 그 몸으로 공장에 못 다니겠다고 하는 것이었다.

"어떻게 했기에…" "아이 아비가 누구냐"고 묻는데 난 대답도 하지 못하고 그냥 모든 것이 무섭기만 했다. 임신하면 이런 것인가, 하는 생각으로 앞이 캄캄하고 막막했다. 무엇을 어찌해야 할지 몰라 아이 아버지한테 편지를 썼다. 제대가 얼마 안 남았으니 서울로 먼저 올라가 있으면 찾아가겠다 하여 서울로 가게 되었다. 아이 아버지는 곧 제대하였고 서울에서 만나게 되었는데 우선 어디 좀 가 있으면 내가 시골 우리 집에 가서 우리가 서울에서 살 준비를 해 오겠다고 하며 시골로 떠났다. 그는 한 달이 되어도 소식이 없어 동생 기옥이 직장에 찾아갔다. 기옥이에게 하는 수 없이 사실 얘기를 하였더니 그때 동생이 기숙사에 며칠을 있으라고 하여 있는 동안 나는 동대문 시장에 가서 무엇이든지 돈을 벌 수 있는 곳에 취직을 해보려 했다. 갔다가 우연히 사촌 오빠를 만나게 되었는데 그때 사촌오빠는 고무줄 장사를 시장에 다니면서 하고 있어서 오빠한테 취직을 부탁했다.

"오빠 내가 돈을 벌어야 하는데 어디 취직 좀 시켜주세요." 라고 했는데 오빠는 오빠 아는 사람한테 나를 소개하면서, 이천 원을 주며 이 사람이 내 친구데 이 친구를 따라가라고 하여 그 사람을 따라가게 되었다. 그곳은 신설동 개천가에 있는 판잣집으로 그는 부인과 살고 있었는데 옆 방 하나를 세를 빌려 여기 살면서 일자리를 구해 보자고 하며 전세보증금도 없이 그때 돈 천 원을 주고 사촌오빠 친구 집 옆에서 살게 되었다. 그 사람 난로에 밥을 해 먹어가며 냄비 하나, 밥그릇 하나, 반찬 그릇 두 개 그렇게 또 나의 다른 생이 시작되었다.

이젠 나는 혼자 몸이 아니니 앞으로 살아갈 일이 막막하였다. 마침 오빠 친구 부인이 은단 장사를 하였는데 같이 다니면서 배워가며 장사를 하면 될 거라고 하여 당장 먹고 살길이 없으므로 나는 오빠 친구 부인을 따라다니면서 그 장사를 배우기 시작했다. 처음에는 부끄러워 아주머니 뒤에만 숨어다녔지만 내가 어릴 때 밥 얻어다 식구들을 먹인 생각을 떠올리며 마음을 다져 먹었다. 누구의 도움도 받을 길 없는 내 처지였으나 내 뱃속에 오 개월이 되어가는 아기를 먼저 생각했다. 아이 아버지와는 서로 연락을 꾸준히 했는데 그러다가 내가 사는 신설동 판잣집으로 와 같이 살게 되었다. 취직하려고 날마다 일자리를 알아보러 다녔지만 쉽게 되지 않았다. 오히려 내가 그 오빠 친구 부인을 따라다니면서 벌어오면 그 돈을 다 써버렸다.

벌써 임신 7개월이 지나면서 살 일이 걱정이었다. 지푸라기라도 잡는 심정으로 사촌오빠를 찾아가 큰오빠가 내게 빚진 이야기를 털어놓았다. 내가 공장에 다니면서 동생들 생계를 도와가며 3년간 계를 모아 시집갈 준비를 했는데 큰오빠가 서대문에서 집 살 때 내 돈 3만 원을 가져갔다고 이야기를 하였더니 사촌오빠 하시는 말이 "지금 너희 큰오빠는 잘 산다. 내가 도움을 주고 싶어도 내 사는 꼴이 이래. 아이가 셋이고 산동네에 방 두 칸에 전세 사는 처지라, 네 동생 기옥이는 집을 알 것이다. 같이 가서 그 돈 받아 애 낳 준비를 해야지 않겠니" 하는 것이었다.

기옥이를 찾아가 그 말을 했더니, "그래 언니야 내가 집을 안다. 진작 그 생각을 해야 하는데 같이 가서 그 돈 받아 방도 살만한 것 구할 것이고 조그마한 가게도 할 수 있을 거야"고 하며 같이 가자고 하였다. 아이가 7개월이 넘고 8개월이 다 되어갈 때 기옥이를 따라나섰다. 서대문이라는 어느 동인지 몰라도 지대가 평지는 아니었으며, 골목길을 조금 들어갔더니 기와집 마루가 눈에 띄었다.

기옥이가 여기라면서 먼저 대문을 열고 들어가니 마당이 조금 있었다. 기옥이가 먼저 "오빠" 하고 불렀다. 오빠는 방문을 열고 나와 마루에 서더니 내가 뒤에 따라온 것을 보고 "벌레 같은 년을 무엇 하러 데리고 왔느냐" 하며 기옥이를 호통하였다. 오빠한테 빌려준 돈 3만 원을 받으러 왔다고 하니 마루에 서 있다가 신발 칸으로 내려와 마당에 서 있는 나한테 발길질을 하는 것이었다. 기옥이가 순간 나를 밀어버리고 대신 맞으며 "언니야 도망가라 맞아 죽는다" 하여 나도 순간 무서워 도망을 치는데 큰오빠하는 말소리가 들려왔다.

벌레 같은 년을 왜 여길 데리고 왔냐고 동생 기옥이 뺨도 때리고 야단치는 소릴 뒤로하고 난 도망을 쳐 처음에 시작된 골목길에서 기옥이가 나오기를 기다렸다. 기옥이가 나한테 다시 와서 하는 말이 "이제 못 가겠다. 우리가 다시 갔다가는 맞아 죽을 거야" 하고 말하는 것이었다.

나는 신설동 있는 집에 와서 살길이 막막하여 울고 또 울었다. 아이 아비는 취직한다고 여기저기 다녀 봤지만 잘되지 않는 눈치였다. 우선 살 궁리를 해야 하는데 방법도 모르고 생각 끝에 시골로 가자고 하여 난 아무리 생각해도 시골은 갈 수가 없어 거창에 사는 친구에게 사정편지를 하였더니 일단 자기 집으로 오라고 하였다. 추석이 며칠 안 남았는데 경남 거창 친구 집에 아이 아버지와 같이 갔다. 아이아버지가 자기가 집에 가서 돈을 준비하여 온다고 하면서 친구인 김청자 집에 나를 두고 고향인 사천군 곤양면 홍사리에 자기 어머니가 살고 있는 고향엘 갔다. 그는 다시 친구 집에 와서 하는 말이 자기 어머니가 차비밖에 주지 않았다는 것이었다.

추석을 지내고 3일인가 후에 그는 서울에 취직자릴 알아보러 간다면서 서울로 갔다. 그때 난 가을이 시작되는 시기가 되어 청자 어머님이 동네에 농촌 일을 다닌다고 하기에 나도 같이 일을 따라 다니게 되었다. 한 달 반을 고구마 캐는 일, 벼 베는 일 등 숱한 일을 하여 돈을 조금 모아 아이 낳을 준비를 하고 우리 어머니가 계시는 곳 사천군 곤양면 홍사리에 편지를 보냈다. 어머니는 갑조 동생을 시켜 어머니가 누나 사정을 알고 있다고 고향에 와서 애를 낳으라고 꼭 오라고 소식이 와서 청자 어머니께 말씀드리니 "그래 그래도 어머님이 나보다 나을 것이다. 네 집에 가서 애를 낳도록 하렴" 하고 말씀하셨다.

친구들과 상의하여 우리 집에 가는 것으로 결정하였다. 친구인 청자와 화자가 우리 아이 낳을 때 필요한 기저귀 감과 배냇저고리 두 개, 미역 큰 단 하나 사서 내게 주었다. 그리고 나는 내가 한 달 반 동안 벌어서 모은 돈을 가지고 우리 집에 있는 사천 곤양에 왔는데 오는 도중 계속 산고를 느껴 심하게 아팠다. 하지만 23세인 나는 그런 것이 산고인지 무엇인지도 몰랐고 우리 집에 그날 밤중에 오게 되었다.

다음 날 아침부터 심하게 산고를 느껴 심지어는 몇 번 죽었다 깨어났다를 반복하였고 그날 밤이 되어 어머니가 하는 말이 네 명이 그것뿐인가 여기고, 죽기만을 기다릴 정도로 고된 진통 끝에 그날 밤 아이가 태어났다. 딸이었다. 하지만 나는 애를 낳고도 한참을 깨어나지 못해 우리 어머니 말로는 죽는다고 포기를 했다는데 한 시간 후쯤 깨어났다고 했다.

난 아이가 세상에 온 것을 이제야 느끼며 안아보았다. 이토록 힘들게 내게로 온 아이에게 미안하기도 했지만 이제 나 혼자가 아니구나 하는 생각으로 내가 살아온 지난 세상을 우리 딸아이한테는 물려주어서는 안 된다는 다짐을 하며 기쁨과 의무감, 사명

감과 책임감을 가슴에 새겼다. 이제는 더욱더 열심히 살아야겠다는 희망이 용솟음쳤다. 하지만 현실은 또 나의 가슴을 아프게 하였다. 우리 집 사정은 항상 가난에서 탈피하지 못하였다.

　오곡이 풍성한 가을이었지만 우리 집은 동생 둘이서 학교엘 다 녔는데 쌀이 없어 도시락도 싸 줄 형편이 못되었다. 그동안 내가 거창에서 아이 출산을 위해 모아둔 돈으로 쌀을 두말 샀다. 그리고 며칠 후 아이 친할머니가 쌀 두 말을 보내왔다. 나는 이때도 동생들 걱정에 학용품값만을 생각하다 보니 아이가 출산하면 사용하려고 거창에서 벌어 온 돈을 꼭꼭 감춰 두었는데 결국 생활비, 동생들 학용품비 등으로 사용해야만 했다.
　아이가 태어난 지 열흘이 되었을 때 아이 친할머니가 자기 집으로 가자고 하여 아이아버지도 없는 그 집으로 갔다. 그때부터 시집살이가 시작되었다. 출산하고 열흘밖에 지나지 않은 나에게 어머니는 "너는 너희 집에 살 때도 나무를 잘했지? 오늘부터 우리 집 나무는 네가 해야 한다." 라는 것이었다. 어린 애를 업고 나무를 하러 다니며 집안일은 거의 내가 해야 했다. 밥상을 차려 시어머니에게 올리면 음식이 맛이 없다며 음식을 부어버리는 등 타박을 하였다. 일보다 힘든 건 함부로 쏟아붓는 말이 가슴에 박혀 상처가 되었다. 두 달이 지날 무렵 아이 아비는 취직한다고 서울에 있었으나 취직이 되지 않자 시골집으로 내려왔다.
　추석이 조금 지난 후 취직을 하겠다고 서울로 간 사람이 음력 설이 다 되어 집으로 왔다. 나는 아이 아비가 왔다고 작은 방에 불을 지피어 방을 데우려고 할 때 아이 친할머니는 불을 지피지 말고 큰방 내방에서 나와 다 같이 한방에서 자면 된다고 하여 나는 화가 나 친정집으로 와 버렸다. 친정집으로 와 아이와 생활을 하고 있을 때쯤 음력설이 지나 아이 아버지는 취직이 됐다면서 태극기 파는 장사를 한다는 것이었다. 남편은 나와 같은 동네에 사는 청년 몇 명과 1970년 배다른 하경순 이모라는 여자도 그 태극기 파는데 동원되어 같이 경남도 읍면 등으로 태극기를 팔러 다녔다. 음력설 지내고 한 달이 될 때였는데 우리 동네에서 그들과 같이 다니던 한 사람이 나한테 말하기를, 경순이 이모하고 아이 아비하고 연애한다는 말을 하면서 지금 있는 곳은 경남 의령이라고 주소를 가르쳐 주는 것이었다.

 나는 주소를 들고 찾아갔더니 어느 여인숙에서 같은 동료와 있었고 아이 아비는 방 하나를 따로 두고 경순이 이모와 동거를 한다고 하였다. 사실이었다. 너무나 기가 막혀 그곳을 나와 애를 안고 울고 있는데 누군가 지나가다가 나를 보더니 "너 기자가 아니냐?" 하고 말을 걸던 사람은 큰 외삼촌 부인이던 외숙모였다. 네가 왜 여기에서 울고 있냐면서 자초지종을 물어보셨다. 내 사정을 이야기했더니 바로 옆 여인숙에 있는 그 남자 그 여자는 부부같이 행동하고 우리 식당에 자주와 밥을 먹는다고 하면서 이럴 수 없다면서 외숙모는 분을 삼키지 못하였다. 외숙모가 찾아가 그 여자는 창피하여 도망갔고 외숙모 하는 말이 창피하여 그 태극기 장사들이 가버렸다고 하였다.

 난 그때부터 살길이 막막하고 앞이 캄캄했다. 갈 곳이 없어 하는 수 없이 애 친할머니가 사는 사천 곤양에 와서 며칠을 지내게 되었다. 그 며칠 동안 일어난 일은 내 머리에서 영원히 지워지지 않는 일로서 아직 세상을 잘 모르는 나에겐 충격이 아닐 수 없는 일이 벌어졌다. 시어머니께서 "오늘은 네 어머니한테 가서 자고 오너라"고 하기에 저녁을 먹고 집안일을 정리한 뒤 애를 업고 친정집으로 왔다. 자다가 애가 울어 기저귀를 갈아 주려고 했는데 기저귀가 없었다. 할머니 집에 기저귀를 두고 온 생각이 나서 할머니 집으로 갔더니 불이 꺼져 있는 방엘 조심스럽게 들어갔다. 아이 친할머니가 어느 남자와 옷을 벗고 같이 누워있는 것이었다. 나는 그만 소스라치게 놀라 얼른 기저귀만 가지고 나왔다. 그땐 무슨 마음이었는지 솔직히 모르겠다. 어두운 밤길을 달려 친정집으로 돌아오는데 눈물만 하염없이 흐르고 또 흘러내렸다. 그 사정을 누구에게도 말하지 못했다.

며칠이 지난 후 시어머니는 막내아들이 진주에 있는 중학교엘 가야 하는데 네가 진주에서 공장엘 7~8년을 다녔으므로 아는 사람이 많을 것 같으니 하숙집을 좀 알아봐 달라고 하기에 친구 집에 찾아갔다. 친구는 시집을 가고 없었고 친구 올케언니에게 이만저만 사정을 이야기했더니 너무도 안타까워하면서 내가 너무 착하고 똑똑하고 하여 자기 언니 아들한테 중매하려 했다는 것이었다. "아이고 불쌍한 것, 내가 우리 문간방 하나 줄 테니 거기서 네 시동생 밥을 해줘라. 나한테 줄 하숙비로 아이와 우선은 살 수 있을 것이다." 하여 곤양에 아이 할머니 집으로 와서 말을 했더니 그렇게 하라고 하며 둘이 먹을 쌀과 보리쌀을 주면서 반찬값은 스스로 벌어서 먹으라고 했다.

나는 그때부터 애를 데리고 다니면서는 일할 수가 없어 집에서 부업으로 할 수 있는 일을 찾아보았다. 일본에서 일감을 만들어 우리 국내에 그 일감을 맡아 할 수 있는 사람들을 모집하고 있었다. 실크 옷감에 수를 놓는 일이었는데 나는 애를 업고 앉아서 밤에는 애가 잘 때는 늦게까지 그 수놓는 일을 하였다. 열심히 일한 덕에 돈을 조금 모을 수 있었다. 한 3개월이 될 때 아이 할머니의 그 막내아들을 학교 가까운데 하숙을 시키고 아이 할머니한테 갔다. 시어머니는 자기 친정 오빠를 불러다 놓고 내게 하는 말이 난 우리 아들이 최소한 고등학교는 졸업한 여자를 만났어야 한다는 것이었다. "너희 집 네 엄마는 바보야. 얼마나 바보면 자기 아버지보다 나이가 많은 사람을, 그것도 첩으로 자식을 그렇게 많이 낳아 놓고 부모 노릇도 하지 못하는 그런 집에서 자라 초등학교도 못 다닌 너를 아이를 낳았어도 우리 집 식구는 될 수 없다.

우리 집에는 다시는 발을 들여놓지 마라." 하셨다. 그리고는 부엌에 가더니 종이봉투에 쌀과 보리쌀이 섞인 것을 한 되쯤 되게 주면서 하는 말이 이틀은 살 것이다. 하면서 나를 나가라고 내쫓았다. 어쩔 수 없이 친정엄마 집으로 갔더니 어머니는 내가 미워서 그렇게 했을 리는 없었겠지만 "애하고 같이 가 죽어라, 그렇게 살아서 무엇 하겠니" 하면서 물을 한 통 가져와 애를 업고 있는 나한테 부어버리는 게 아닌가. 아무리 속이 상해도 친정엄마가 조금만 나를 생각해 주는 사람 같으면 이렇게까지 하지 않았을 것이다. 정말 그 서러움은 잊을 수가 없다.

나는 그 길로 집을 나왔다. 이 세상에 내 곁엔 아무도 없고 우리 아이와 둘뿐이었다. 내가 더 살면 뭐 할까 싶어 대강 아이 기저귀만 챙겨 사천까지 아이를 업고 걸어오면서 이 생각 저 생각에 잠겼다. 사천으로 와서 진주 가는 버스를 타고 진주에 있는 친구 집엘 찾아갔더니 친구는 우리 진이를 보더니 "이렇게 예쁜 아이가 있니. 아기가 너를 꼭 빼닮았구나. 너는 밥 안 먹어도 배부르겠구나." 하면서 나와 아기를 반겨 주었다. 내가 울면서 사정을 말했더니 "죽기는 왜 죽어 이렇게 예쁜 아이를 데리고 그 용기로 살아라." 하면서 친구들에게 일일이 연락하여 몇 푼씩 돈을 모아 차비를 만들어 주는 것이었다. 친구는 그리고 하는 말이 "진주 잠사 회사에 같이 있었던 강 과장님이 전라도 장성회사에 부장으로 가셨다. 우리가 회사 다닐 때 과장님께서 너를 착하고 똑똑하다고 많이 아껴주셨잖아. 그러니 거기 찾아가면 너를 취직시켜 줄 거야." 라는 것이었다.

 고마운 친구의 배웅을 뒤로하고 먼저 친구 언니 집에 가서 내 사정을 말했더니 그 친구 올케언니가 "우리 집안에 촌에서 열 살 정도 먹은 아이가 학교도 못 가고 노는 아이가 있는데 내가 오라고 하면 올 것이다. 네가 그 아이를 데리고 가서 네 회사 가까운데 방을 구하렴. 그 아이에 아기를 맡기고 네가 일하는 틈틈이 쉬는 시간 점심시간 아이를 돌본다면 충분히 살 수 있을 것이다." 하였다. 친구 언니는 며칠이 지나 집안의 그 아일 데려다주셔서 나는 그 아이를 데리고 장성이란 곳을 찾아가기로 하였다. 가는 동안 그때는 장성까지 바로 가는 차편이 없고 경남 하동으로 가서 구례 가는 차를 타고 구례에서 다시 장성을 가야 했다. 그 아이를 데리고 하동으로 가서 구례 가는 버스를 타고 구례까지 가 장성 가는 막차를 타려고 하였는데 막차가 그만 떠나버린 것이었다.

 나는 발을 동동 구르며 난감해하고 있는데 옆 좌석에 같이 앉아 온 사십 중반쯤 되는 아주머니께서 하시는 말씀이 오늘 우리 집에서 하룻밤 재워 줄 테니 오늘 저녁은 자고 내일 장성 가는 차를 타고 가라고 하셨다. 나는 너무나 고마운 마음에 아이들을 데리고 아주머니를 따라갔다. 아주머니는 우리에게 저녁밥을 차려주고 부엌방까지 내어 주셨다. 나는 아이들과 같이 잠이 들었는데 누군가 내가 자는 방에 들어와 나를 강제로 강간하려고 달려들었다. 나는 있는 힘을 다해 반항했다. 하지만 상대는 남자이고 연약한 내가 당해낼 수가 없었다. 그래도 아이들을 지켜야 한다는 심정으로 발길질을 해댔다. 하지만 그는 날 때리고 입을 틀어막아가며 위협하고 협박했다. 나는 있는 힘껏 소리를 질렀더니 그가 뒤로 물러나며 잠시 머뭇거리는 것이었다.

  그 순간 나는 아이 둘을 두고 도망을 쳐 길가에 지나는 사람한테 파출소가 어디냐고 다급한 모습으로 물어 파출소로 찾아갔다. 순경은 나의 이야기를 듣고 찢긴 옷과 몰골을 보더니 같이 가자고 하여 애 둘이 자는 집으로 왔다. 알고 보니 그 사람은 그 집 아주머니 남편이었다.

  지울 수 없는 일이었다. 그날 밤은 파출소에서 잠을 자고 다음 날 전라도 장성으로 가서 여인숙 방을 하나 구해 우선 아이 둘과 짐을 풀었다. 애들을 두고 장성 잠사 회사로 강 과장님을 찾아갔더니 때마침 부산 출장을 갔다면서 내일이나 오신다는 것이었다. 나는 하는 수 없이 여인숙에서 이틀을 아이들과 보내고 다시 회사로 찾아갔더니 아직 안 오셨다고 내일은 올 것 같다고 하여 오전 11시쯤 발길을 돌려 나왔다.

  회사를 돌아 나오는데 어떤 중년 남자분이 나를 부르기에 나는 그 회사 직원인 줄 알고 진주 잠사 회사 계시던 강 부장님을 만나러 왔다고 하니까 무엇 때문에 왔느냐고 물었다. 나는 취직하러 왔다고 했더니 명함 한 장을 주시며 경력을 물어봐 8년을 넘게 일을 했다고 말했다. 우리 회사에서 숙련공을 구하러 왔다고 하면서 우리 나주 잠사에 오면 월급을 생각하는 만큼 챙겨 줄 테니 우리 나주 잠사에 가자고 하였다. 알고 보니 그 사람은 그 회사 과장직에 있는 사람이고 날 더러 당장 내일부터 출근하라며 약속하고 돌아갔다. 그리고 여인숙에 왔더니 애 보기로 한 아이가 보이지 않았다. 여인숙 주인이 빼돌린 것 같았다. 부리나케 우체국으로 가서 친구 언니 집에 전화하여 그 아이를 암만해도 여인숙에서 빼돌린 것 같다고 여인숙 전화번호를 가르쳐 주었다. 나도 여인숙 전화번호를 챙겨 나주 가는 버스를 타고 나주에 도착했다. 다음날 출근을 해야 하니 회사 부근에 방 하나를 구하고 그 방 옆집에 사정을 말했더니 그 집에 계시던 할머님과 사십 중반 가량의 할머니 딸이 "걱정하지 마라, 나와 할머니가 아이를 봐 줄 테니 회사에 잘 다니도록 해라." 하였다. 당시엔 그만한 회사에 기술자로 들어가기가 힘들었던 때라 할머니와 아주머니께서 나를 대견해 하시며 많은 격려를 해 주셨다.

  이때부터 내 인생도 순풍이 조금씩 불기 시작했다. 그 집 할머니와 아주머니는 내 아이를 친자식같이 잘 돌봐줬고 친부모같이 나를 생각해 주었다. 이분들로부터 나는 자식 사랑하는 따뜻한 부모의 마음을 느꼈다. 지금도 생각하면 가슴이 따뜻해지면서 울컥 눈물이 핑 돈다. 그 아주머니에게는 딸 둘 아들 둘이 있었다. 큰딸은 나보다 3살인가 적고, 밑에는 중학생 두 명, 막내딸 금선이는 초등학생이었다. 이들은 내 식구, 내 형제나 다름이 없는 그런 사이였다. 그들은 나와 내 아이 진이를 친조카처럼 너무도 사랑해 주었다. 나름 행복이란 두 글자를 마음속에 새겨보았다. 아무리 나를 힘들게 해도 핏줄은 어쩔 수 없는 것일까? 나 혼자 돈을 벌어 아이와 생활을 해야 하는데도 세상 물정 모르고 살아가는 우리 엄마와 동생들을 생각하면 불쌍하기만 하다. 나는 월급 타면 엄마 집으로 돈을 보냈다.

나는 공부를 못했으나 공부하는 동생들에게 힘이 되도록 매달 돈을 보내주었고 명절이 되면 친정어머니가 계시는 사천 곤양 홍사로 엄마를 보러 갔다. 또 나를 천대하고 나를 쫓아낸 내 딸 아버지, 친할머니라고 명절 때면 1년에 두 번씩 인사를 드리러 가면서 첫 회는 1만 원씩, 두 번째는 1만 5천 원씩, 3회째는 2만 원을 약 4년간 주었다. 나는 회사에서도 신임을 많이 받아 살아가는 데는 별로 불편이 없었다.

나주에서 3년 있는 동안 내 아이와 생활을 해야 했으므로 돈을 벌기 위해 열심히 회사생활을 했다. 그렇게 지나는 동안 나는 회사 윗분들에게 인정을 받았고 사장님 둘째 아들인 부장님이 나의 사정을 알고 한번 만나자는 제의를 해 오셨다. 우리 잠사 회사 앞에 용다방이라고 있었는데 거기로 퇴근 후 만나자고 해서 갔더니 내가 도움을 줄 수 있는 일이 있냐고 물으셨다. 그는 자상한 말로 미혼모가 되어 열심히 살고 있다는 소리를 들었는데 나한테 부탁할 일이 있으면 말해보라는 것이었다.

"저는 돈을 벌어야 합니다."고 하며, 가난 때문에 처한 내 형편을 자세하게 이야기 해주었다. 그랬더니 김양은 머리가 참 좋고 회사에 윗분들이 칭찬의 말들을 많이 하더라 하고 하며 이분도 나를 칭찬해 주셨다. "그러면 저가 진주 잠사 회사에 있을 때 기계부 계시던 분이 서울에서 여자 옷을 도매로 사다가 점심시간, 퇴근 시간 두 번 문을 열어 장사하고 물건 가져가는 사람 명단만 만들어 월급 때 제출하면 총무부에서 옷 샀던 사원들의 돈을 제하고 월급을 주었는데 저도 점심시간, 퇴근 시간을 이용하여 장사할 수 있게 도와주시면 돈을 좀 벌 수 있겠습니다." 했더니 그럼 우리 공장에 조그마한 창고들이 있는데 한곳을 빌려줄 테니 그 일을 해 보라고 흔쾌히 허락해 주었다. 내겐 밑천이 없다고 말했더니 5만 원을 빌려주어 나는 바로 토요일 밤에 서울로 올라가 평화시장 도매시장에서 옷을 도매로 사다가 진주에서 기계실 밖 주임이 하던 대로 하여 월급 외 돈을 더 벌 수 있었다.

그해 다음 봄이 시작될 때 부장님에 대한 고마움에 보답을 해야겠다는 생각으로 아직 진주 잠사 공장에서 실행하던 좋은 아이디어를 나주 부장님께 말해줬더니 "야! 그거참 좋은 아이디어다, 올봄에 시행해 보자. 그전에는 농협에 위탁하여 누에고치 수납할 때 회사에서 대표로 각 수매장에 한 사람씩 가서 그날그날 수매하는 것을 입회하고 그날그날 바로 수매한 누에고치를 회사로 보내는 직원을 뽑아 교육 시켜 해 보시라고 했더니 당장 그 일이 시행되었고 윗분들이 나를 참 훌륭하다고 했다. 지금 생각해보면 그 어린 20대 중반이던 내가 어떻게 그런 똑똑한 아이디어를 제안하여 그 잠사 회사에 도움을 주게 되었는지, 나는 윗분들에게 인정도 받고 스스로 대견함을 느끼게 된다. 그리하여 나주읍에서 수매하는 누에고치는 내가 2년간 관리를 하게 되었다.

우리가 시행하는 나주읍에서 증량 수매한 고치가 늘 증량이 나면서 나는 금반지 3돈을 상으로 받고서도 매년 봄가을 1년에 두 번 수매 할 때마다 항상 1등을 하였다. 내가 일을 잘할 수 있도록 길을 열어주신 이 부장님에게 고마움을 느끼고 은혜를 잊지 못하고 있다. 지금쯤 살아계시는 곳은 어디인지, 어떻게 살고 사시는지... 내가 어려운 삶 속에서도 내가 살아갈 희망을 주신 분 들 중 한 분이다. 지금도 생각이 난다.

나는 나주를 처음 갔을 때부터 천주교회에 나갔다. 내 나이 17세쯤 진주에서 기숙사 생활할 때 같은 기숙사에 있는 박정자라는 언니가 성당엘 다니면서 나를 데리고 다녔다. 그 언니가 데리고 가면 종종 함께 갔다. 영세도 안 받고 다녔는데 이곳 나주로 오니 의지할 곳 하나 없는 나는 오자마자 성당엘 다녔고 열심히 교리 공부하여 영세도 받았다. 그때 성당엘 다니다가 잠사 회사 다닌 지 얼마 지나지 않아 동생 벌 되는 남윤임을 알게 되었는데 알고 보니 같은 잠사 회사 직장동료였다.

지금 50년이 넘었지만 지금도 연을 이어가고 있다. 그 당시 나와 남윤임은 한 부모한테 태어난 형제보다 더 진하고 진짜 형제보다도 더 가까운 사이로 내 모든 아픈 과거를 알고는 내 일처럼 안타까워하는 동생이었다. 내가 나주에서 3년 동안 사는 내내 그의 어머님은 항상 나를 친자식같이 아껴주셨다. 정말 고마우신 어머님, 살아계시는 동안 내가 사는데 힘들다고 자주 못 찾아본 것이 지금도 생각하면 너무 가슴이 아프다. 그렇게 나주에서 3년 동안의 생활은 크게 힘든 일이 없이 살았다.

내 인생에도 조금은 살아가는 일이 즐거움이라는 것을 느꼈다. 난 이때까지 남녀 간의 사랑이란 것은 나에게는 사치이며 과욕이라 생각하며 살았다. 오직 내가 생각해야 하는 건 사랑하는 딸 진이었다. 내가 못다 한 인생, 내 한 몸 희생하여도 열심히 돈을 벌어 가난에서 벗어나 내 딸이 하고 싶어 하는 것은 시켜가며, 꼭 나라에 필요한 사람을 만들어야지 하는 일념으로 살면서 언젠간 나에게도 순탄한 세상이 오겠지 하며 돈을 조금씩 모았다. 그러던 중 윤임이 아버님께서 '그 모은 돈으로 논을 사서 주마' 하셨다. 내가 모은 돈은 논 약 1,600평을 살 수 있는 돈이 되어 그렇게 하기로 하였다. 내가 사는 옆집에 진호엄이란 사람이 식품도매업을 남편과 같이하고 있었는데 내가 논을 산다고 준비하는 것을 알고 나한테 무척이나 잘 해주었다.

  그분이 따뜻하게 해주니 정에 굶주린 나는 누가 잘해주면 그냥 믿어버리고 그때만 해도 세상을 너무도 모르는 터라 그 아주머니 말을 믿었던 것이다. 나보고 하는 말이 자기 도매로 장사를 하는데 투자를 하면 논 여덟 마지기 남한테 맡기어 농사하는 것보다 훨씬 빨리 돈을 벌 수 있다는 것이었다. 다달이 이익금을 줄 터니 자기를 믿고 투자해 보라고 하여 바로 옆집에 살기 때문에 집도 자기 집이고 하여 투자를 하게 되었다.

  두 달간은 이익금을 잘 주었다. 그래서 윤임이 동생한테 자초지종을 말했더니 자기도 해 본다고 소개해 달라 하여 그 아주머니를 소개해 주었다. 그렇게 3개월인가 지낸 후 어느 날 그 아주머니는 가족 모두가 아무도 모르게 야반도주를 해 버렸다. 나는 기가 막혀 하늘이 무너지는 것 같았다. 그러나 난 내 딸과 살아야 하기에 울고 있을 여유가 없었다. 다시 노력해야만 했다.

  내가 힘들어하고 있으니까 윤임이가 "언니야 우리 마음도 달래고 운동을 좀 배워보자 하여 어느 날 나를 데리고 간 곳이 어느 아주머니가 양춤이라는 것을 가르쳐 주는 어느 가정집이었다. 그

때 마음이 허한 나와 윤임 동생은 그곳에 며칠 다니다가 마음이 조금은 안정이 되고 거기만 몰두하니 10일이 지난 후 양춤 동작 5~6개를 배워 익힐 정도가 되었다. 다른 사람들 한 가지 배우는 데 한 달 이상 소요되는 것을 10일 정도에 5~6개를 머릿속에 익혀버리고 2일에 한 번씩 연습만 하러 다녔다. 한 달을 다니니 제법 많이 알고 새로 배우러 오는 사람들에게 길도 조금씩 알려주게 되었다.

나주를 떠날때 이웃집아주머니부부와

그 무렵 춤을 처음 배우러 온 한 남자(나주 비료공장에 다니던 박OO)가 있었는데 그 사람은 나에게 호감이 있었던 모양이다. 나는 전혀 관심도 없었을뿐더러 그런 눈치는 알아챌 수도 없었다. 한두 달간 지난 후 이제는 제법 그 방안에서는 춤을 잘 춘다는 소리도 듣고 있었을 즈음 어느 날 그 사람이 "우리 같이 카바레란 곳에 한번 가보자." 라고 했다. 그때까지 난 카바레라는 곳을 한 번도 가본 적이 없었다. 선생님께서 "큰 무대에 가서 한번 연습해 보는 것도 좋다"고 하여 마음은 내키지 않았지만, 난생처음 카바레라는 곳을 가게 되었다. 그곳은 오색 불빛이 빙빙 돌면서 주위가 휘황찬란하였다.

　남자 여자가 같이 춤추는 모습에 순간 가슴이 뛰고 무서워 의자에 앉아 있는데 남자들이 날 보고 같이 춤추자고 손을 내밀었다. 나는 얼른 같이 간 사람 등 뒤에 숨었고, 다만 그 사람과 같이 춤을 두 번인가 추는데 그 사람이 초보여서인지 나보다도 영 서툴러 실수가 잦았다. 다시 의자로 돌아와 앉아 있는데 날 눈여겨 보았는지 여러 사람이 와서 같이 한번 춤을 한 번 추자고 할 때마다 아직도 불안감이 가시지 않았다. 그 사람에게 우리 이곳에서 나가자고 하여 한번 연습도 제대로 해 보지 못하고 돌아오고 말았다. 교습소 선생님은 그런 곳에 가서 다른 사람하고도 춤을 춰 봐야 한다면서 먼저 같이 갔던 사람과 또 같이 가보라기에 카바레를 가게 됐다. 그 사람과 춤을 한번 추고, 다른 사람이 추자고 하여 한번 추었더니 나를 놓아주지 않아 내가 싫다고 하여도 계속 춤을 추자는 것이었다.

이 광경을 보고 있던 나와 같이 간 그 사람이 내 손을 잡아끌고 밖으로 나와 우리는 다방으로 갔다. 그리고 그 사람이 여기는 다시 올 곳이 아니라 하여 이후 그 카바레를 가지 않았다.

그러던 어느 날 그 사람은 내가 다니던 회사로 나를 찾아와 교제하자며 수시로 집과 회사를 오가기 시작했다. 하지만 난 아이가 있는 미혼모라는 나 자신이 부끄러워 항상 거리를 두었고 그 사람은 나를 진심으로 생각하며 내가 미혼모란 사실을 알면서도 계속 나를 찾아왔다. 그러다가 자기 친구들이나 아는 지인들에게 나를 예쁜 사람이라며 큰소리로 인사시키며 진실하게 소개했다. 쉬는 날엔 그는 우리 집으로 찾아와 내 딸 진이를 자기 자전거에 태우고 주변 공원과 나주 남산 등지를 다니면서 놀아주었고, 나를 진심으로 아껴주었던 그 사람의 남자다운 모습에 점점 내 마음은 깊어만 갔고 항상 내 머릿속에 그가 맴돌았다. 우리는 이렇게 서로를 사랑하며 몇 달을 행복하게 보내고 있었다.

하루는 우리 회사에 부장님이 나보고 용다방에 가보라고 하여 다방엘 갔더니 느닷없이 내 딸 친아버지 되는 자가 몇 년간 소식도 없다가 와 기다리고 있었다. 그리고 하는 말이 지난날 내가 너한테 잘못했다, 아이를 생각해서 같이 가자 취직도 했다 그러면서 내가 방을 구해놓고 주소를 보내 줄 터이니 거기로 이삿짐을 보내고 오라는 것이었다. 나는 순간 당황스러웠다. 하지만 아이 아버지이고 차마 원망만 할 수 없는 일이었다. 나 혼자 결정을 할 수 없어 내가 살던 주인집 아주머니께서는 그 당시 드물게 유능하신 분이라 이 아주머니와 윤임이 어머님께 상의를 드렸더니 "아이 아빠를 따라서 가라"고 하는 것이었다.
　난 나를 사랑해 준 그 사람에게 아이 아버지에 대한 말을 할 수밖에 없었다. 나는 내 딸 진이를 생각하여 이 길을 택할 수밖에 없다는 내 상황을 알려주고 나는 그와 이별을 할 수밖에 없었다.

　나는 딸아이 아버지가 얻은 놓은 조그마한 방 한 칸 있는 부산 당감동으로 이삿짐을 부치고 3일 있는 동안 지난 1년 반전의 일들을 떠올렸다. 당감동 그 집을 찾아가서 아이 아비를 물었더니 그 집 주인아주머니가 "그 전에 왔을 때 남편이 술집에 나가던 그 여자와 살았는데... 그 애기엄마네" 하시면서 나주에 애 엄마한테 그 여자와 같이 갔다고 하던데 어찌 왔냐고 물었다.
　사실 이야기를 했더니 지금도 아마 같이 살 것이라고 말을 했다. 그전까지는 우리 진이가 생긴 것이 죄라도 되는 양 모든 것을 참고 살려고 했지만 아이 아버지가 살던 집주인 아주머니 말을 듣고는 다른 것은 참고 살아도 여자 문제로 더는 살 수 없어 강원도 인제에 계시다 경남 양산 석계란 곳에 전출해 와 사는 작은오빠를 찾아갔다.

작은오빠는 종종 나한테 자기가 전출해 살던 곳마다 나에게 연락을 해 자기 집으로 놀러 오라고 했다. 나는 작은오빠가 인제 살 때도 전라북도 전주에 살 때도 작은오빠 집에 가곤 했다. 나주에서 우리 진이가 돌을 지내고 한 20개월이 될 때도 전주 사는 작은오빠한테 간 적이 있었는데 우리 진이보다 약 20개월 빨리 태어난 작은오빠를 많이 닮은 오빠 아들 성원이가 있었다. 성원이 엄마인 올케언니도 나를 좋아했다.

　　올케언니는 마음도 참 고운 사람이었다. 우리 진이를 데리고 전주에 갔을 때 오빠는 너를 우리 친구 군 장교한테 중매하여 시집보내려고 했는데 하며 나에게 실망하는 눈치가 역력했었다.

　　이제는 그런 생각 하면 무엇 하냐면서 애나 잘 키우고 돈 벌어 같이 산다고 하니 오빠도 네가 열심히 살아서 애기 잘 키우고 잘 살도록 하라 하시던 작은오빠가 생각이나 양산 석계로 작은오빠를 찾아갔다.

　　나는 그동안 우리 진이를 낳게 되고 지금까지 살아온 세월을 자세히 말했더니 "내일 그 인간이 있는 곳 소재 알아서 너와 같이 오너라" 하였다. 나를 당감동으로 오게 한 것은 알고 보니 내 딸 진이가 네 살이 될 때까지 직장을 못 구하고 자기 어머니한테 용돈 받아 생활하는 것을 알고 첫 직장으로 우리 외삼촌이 나하고 아이하고 함께 가정을 꾸리라고 남편을 파출소에 순경으로 취직을 시켜준 모양이었다. 난 딸아이 아비한테 작은오빠가 양산으로 오라 한다고 하여 토요일 오후 작은오빠 집에 같이 갔다.

　　오빠 집에 갔더니 오빠가 같이 들어오라고 하여 방으로 들어가게 되었다. 작은 올케언니를 불러 벽장 속에 있는 권총을 이리 내라 하시면서 "착하고 예쁜 내 동생을 완전 신세를 조져놓은 너 같은 놈은 총으로 쏴 죽이겠다, 너 죽이고 영창 가 몇 년 살면 되지, 내가 좋은 곳에 시집보내려고 했는데! 네놈이 그렇게 내 동생한테 못된 짓을 했다. 그냥 잘 살면 된다고 애를 봐서 살아 라고 했는데 지금까지 내 동생에게 물질적, 정신적 마음고생을 많이 시킨 놈"이라며 오빠가 화를 있는 대로 냈는데 화를 잘 안 내던 오빠가 화가 난 것을 난 처음 보았다.

오빠가 하시던 말씀이 "너는 생활력이 강한 아이니 충분히 살 것이다, 살다 보면 좋은 일도 있을 것이다. 지금까지 여자를 데리고 다닌다니 절대 인간이 안 될 놈이다. 그래도 자식을 낳아서 네 살이 될 때까지 애 키우는 데 도움 한번 못 준 것이 인간 되기는 벌써 틀렸다. 당장 너 갈 길 가거라." 하셨다.

나는 그 뒤 부산에서 사천으로 가게 되었다. 나주에 살 때 남한테 큰돈을 사기를 당했지만 그래도 당분간 내가 우리 진이와 같이 살 수 있는 생활비는 있어 그 돈으로 과일가게를 차렸고 내 딸 진이를 키우며 가게를 하게 되었다. 가게를 하고 있는데 어느 날 친정 어머님이 오셨다가 며칠 머물고 간 적이 있었다.

나와 어머니는 이런저런 이야기를 나누었는데 갑조 동생은 군대엘 간다고 준비 중이고 상조는 서울 큰오빠 집에 가 있다고 했고 복달이는 서울에 큰오빠 집에 살다가 집에 와서 있다고 했다. 이런 이야기를 듣고 나니 또 어머니와 동생들 걱정이 앞섰다. 그때 복달이 나이는 스물한 살이었다. 우리 집은 항상 생활고에 시달렸다. 농촌에서 농사라고는 산속 골짜기 비가 안 오면 농사도 못 짓는 논과 밭 합쳐 무허가 땅이 전부였다.

농사가 잘되는 해에는 쌀 한 가마가 나오고 밭으로는 척박하여 밭농사는 할 수 없는 땅이고 내가 열아홉 살 때 우리 뒷집 무기 어머니한테 산 무허가 100평짜리 땅에서는 그나마 땅이 좋아 밭 곡식이 조금 나왔다. 이렇게 우리 집은 늘 생활고에 시달렸다. 복달이가 무엇이든 하여 돈을 벌어 시집을 가야 했는데 큰오빠 집에서 3년을 식모로 있다가 오면서 돈 한 푼 없이 왔다고 하였다. 난 걱정이 되어 복달이에게 무엇을 하고 싶냐고 물었다.

편물을 배우고 싶다고 하여 난 동생이 앞으로 살아가야 했기에 기반을 만들어 주고 싶어 진주에 있는 곡예 편물학원에 등록시켰다. 6개월간 배운 후 수료를 했는데 취직이 되지 않았다. 할 수 없이 나는 내가 하고 있던 과일가게를 팔아 큰 도로 쪽 가게는 아니지만 앞문은 큰 유리문을 열고 방으로 들어오게 되고 뒤에 부엌이 있었고 가게로 쓰임 있는 집을 구하게 되었다.

1972년 가을이 시작될 무렵 복달이는 내 생활에 도움을 주겠다고 하면서 일제 편물기계를 13만 원에 사 그 집에서 편물 일을 하는데 크게 소득이 나지 않았다. 내가 하는 일 가지고는 형편이 어려웠다. 나주 살 때 계군 중에 남편이 공무원을 한다고 하여 믿음도 가고 해서 돈을 빌려 간 사람이 있었는데 몇 번을 연락하여도 소식이 없었다. 빌려준 돈을 준다고 하면서 일 년이 다 되어도 안 줘서 찾아갔던 날이었다. 1972년 12월 25일이었다.

계군은 없었고 나는 그만 맥이 풀려 주저앉고 싶었다. 하는 수 없이 나는 진주로 와 진주역에 내려서 삼천포 가는 버스를 탔다. 사천읍 버스정류장을 경유하고 삼천포 가는 버스인데 나주에서부터 기차를 탔을 때 옆자리 앉은 사람이 사천에서 나를 뒤 따라 내렸다. 깜짝 놀라 왜 여기서 내리냐고 물었더니 우리 누나가 이 곳 사천에 산다고 하기에 그런가 보다 하고 난 피곤하고 그래서 그냥 집으로 왔다. 알고 보니 나를 미행하여 우리 집을 알아두고 하루 후 우연히 나를 만난 것처럼 하였다. 지금 같으면 스토커였는데 그때는 그런 줄 모르고 진주에서 버스를 탈 때 그때는 버스가 사람을 꽉꽉 채워서 다녀서 어떻게 나를 따라 탄 줄 전혀 몰랐다. 그 사람은 내가 사는 집을 알아낸 다음 어떻게 살고 있는지를 또 알아내고는 일방적으로 나한테 접근하기 시작하였다.

  우리 어머니가 사천 장날이 되면 우리 집에 오고 하는 것을 보아 두었다가 하루는 장날이 돼서 어머니가 장에 가시는 것을 보고는 따라가 어머니한테 내가 나주에서 왔는데 따님을 좋아한다고 말했다. 나는 따님에게 맛있는 것도 사주고 용돈도 줄 수 있다, 자신은 나주 금천이란 곳에서 살고, 학교는 서울 성균관대학도 나왔다고 했다. 따님한테 반해 알아보니 애가 있고 혼자서 살더라면서 딸을 꼭 행복하게 해주겠다고 내게는 우리 어머니가 사는 시골에도 따라가자는 것이었다.

  어머니가 분별이 있는 사람 같으면 그 사람 말을 믿지 말았어야 했다. 그때 복달이는 사천에서는 편물을 해도 돈을 벌 수 없다면서 진주에 친구가 좋은 장소가 있다면서 그곳으로 간다고 하고 갔다. 지금 살고 있는 집이 세가 조금 비싸 방 하나 부엌 하나가 있는 곳에 가 살기로 하고 진주로 가버린 후였다.

  그 사람 만난 지 한 15일이 지난 후 시골 우리 집에도 갔다 오고 우리 어머니가 보기엔 생긴 것도 괜찮고 돈도 잘 쓰고 부잣집 아들은 분명하다 생각했다. 어머니는 깊이는 생각하지 못했지만 그래도 내 딸이 초등학교도 못 다녔다고 우리 집 못 산다고 우리 진이 할머니한테 쫓겨난 것이 안쓰럽고 안타까워 어머니 마음에는 내가 잘살기를 바랐을 것이다. 또 하나의 주홍글씨가 되는 줄은 꿈에도 생각지 못했을 어머니와 나였다. 그렇게 내 인생의 씻어낼 수 없는 죽을 때까지 가져가야 하는 큰 상처가 되면서 다시는 나는 이 세상에서 꿈도 희망도 없는 사람이 되고 말았다.

어느 날 그 사람을 어머니는 한번 만나 보라고 하였다. 어머니가 중국집으로 나오라고 하여 갔더니 나주에서 올 때 한 좌석에서 만난 그 사람과 그동안 어머니와 만났던 사실을 말했다. 어머니가 하시는 말씀이 "내가 쭉 지켜보니 너한테 버거운 사람인데 너를 주라고 이렇게 사정한다, 너와 같은 나이 갓 스물일곱이란다." 하면서 "이 사람이 결혼을 하자고 한다, 내가 볼 때 이 사람한테 시집가면 이제는 잘 살 것이다. 너 모든 것을 알면서 너를 꼭 주라고 하는구나..." 는 등 어머니의 말씀이 꽤 길어졌다.

나는 그래서 "어머니 나는 이제 우리 진이와 살 것이니 그런 말 하지 마시오." 하고는 단호히 뿌리치고 나왔는데 며칠 후 사주단자란 것이 우리 집으로 왔다. 나는 그만 당혹스러워 어머니한테 이것이 무엇이냐고 하면서 화를 있는 대로 내고 달려들며 말도 되지 않는다면서 그냥 내 인생은 내가 알아서 한다고 목청을 높였다. 어머니는 한사코 이런 사람이면 우리 딸 밥은 안 굶기겠다면서 이렇게 결혼을 급히 시키려고 하는 어머니도 그 사람도 야속한 마음이 계속 들었다. 그래서 나주에 살 때 내 가족같이 친동생보다 더 혈육처럼 친한 동생인 남윤임한테 편지를 썼다.

나주 금천 오강리란 곳에 사는 사람 그 사람 이름을 알아서 그 사람이 우리 어머니를 꾀어 나를 자기 혼자서 나름 탐문 하고 결혼 날을 받아 사승이란 것을 보내왔다. 조사 한번 해 보아라. 하고 편지를 하였는데 그렇게 조사하는 중에 나는 결혼 날을 받게 되었다. 난 결혼하지 않겠다고 계속 거절했는데도 어머니는 생각도 없이 이제는 좋은 곳에 시집 보낸다고 동네 사람들에게 자랑을 늘어놓았다. 복달이 시켜서 연락을 다 했을 텐데 우리 형제는 아무도 오지 않고 결혼식에는 작은오빠 부인만 왔다.

결혼시간이 오후 1시였는데 작은오빠 부인 보고 "언니 난 결혼 안 할거예요. 그 사람 가족이 어제 진주 여관에 있다는데 언니가 가서 파혼 좀 시켜주세요" 라고 했더니 작은오빠 부인은 9시에 진주 가는 차를 타고 그 여관에 가서 파혼한다고 통보하고 일방적으로 이런 일이 있냐고 하러 갔다가 와서 하는 말이 "고모야 그 여관에 가보니 가족들이 왔는데 부잣집 같고 가족들이 사람들 참 괜찮은 사람이라 파혼하러 왔다는 말도 못하고 왔어. 지금은 할 수 없다. 고모가 그렇게 싫으면 결혼식만 하고 도망을 가버려라. 지금 시간이 다 되어 간다. 지금은 도리가 없다." 하였지만 난 그래도 울면서 결혼을 안 한다고 계속 다투다 결혼식 시간이 1시였는데 4시에 식을 올리게 되었다.

많이 울어 결혼식이 어떻게 진행됐는지 전혀 몰랐으며, 음력 섣달그믐 곧장 결혼식을 하고 그다음 날 그를 따라 나주엘 가게 되었다. 기차를 타고 6시간이 걸려 광주에 도착하고 다시 택시를 타고 나주 금천이란 곳에 도착하게 되었다. 그 사람 집 부근에 미장원이 있어 치장 새가 엉망이라 잠깐 머리를 고치러 미장원에 갔더니 그 미장원에서 내가 여기에 들른다고 다 준비가 돼 있었고 미장원에 몇몇 분이 나를 보고 정말 예쁘다 이런 미인이니 홀랑 반해 자기 어머니를 갑자기 졸라 급히 결혼했나 보다 하면서 자기들끼리 숙덕거렸다. 그 사람 이름을 말하며 "그 집 막내아들(그사람)은 자기가 하고 싶어 하는 것은 무슨 일이 생겨도 꼭 하고 마는지라 그 집 식구는 누구도 그 아이가 한다는 일을 못 말리지, 이렇게 예쁜 여자가 마음에 들었는데 그냥 둘 수 있나 옛날에는 우리 동네 큰 부자라서 끝도 없이 행동했지만" 하면서 어떤 아주머니는 나를 안타깝게 보는 눈치가 삼엄했다.

나는 곧장 그 사람 집엘 갔더니 잔칫날이라고 하객들로 북적이고 있었다. 아무 말도 못 하고 한쪽에 앉아 있는데 사람들은 신부인 나를 본다고 방문을 열어보고 가면서 "정말 예쁘고 여자 답네"라고 말하고 어떤 분은 혀를 차고 나가면서 "아이고 기가 막힌다. 어느 모로 보아도 바보는 아닌 것 같은데 어떻게 일이 이렇게 되었나" 하고 혀를 끌끌 차는 사람도 있었다. 그런데 이상한 것이 6세, 4세 된 아이가 그 사람보고 '아빠'라고 부르는 것을 보고 나는 순간 너무 놀라지 않을 수 없었다.

우리 어머니는 정말 바보 같구나! 네 살 먹은 딸 아기가 있는 남자가 자기 딸을 그렇게 달라고 사정할 때면 한 번쯤 생각을 해봐야 하는데 이제 돌이킬 수 없는 현실에 나는 너무 기가 막히고 어이가 없었다. 참고 견디다 보니 밤이 되었다.

친척들은 먼 곳에서 왔다가 마침 그날이 음력 그믐이고 하여 다들 곧장 헤어져 돌아간 뒤였다. 나는 부엌방에 들어가 있는데 그 사람이 술에 취해 내가 있는 방으로 들어와 곧장 잠이 들었다. 난 그 순간 아무 생각도 할 수 없었고 자꾸 눈물만 또 주체 없이 흘러내렸다. 내 딸 진이 생각도 잊은 채 내가 더 산다는 것이 욕심이고 사치다 이 세상을 더 살지 않겠다. 이렇게 비련의 사람이 또 있을까? 라는 절망적인 생각이 들었다. 난 어릴 때부터 내가 하고 싶은 말도 제대로 어디다 한번 해 보지 못했으며 그 무서웠던 아버지(김봉석), 그리고 큰오빠가 너무 두려워서 하고싶은 말을 한 번도 해 보지 못했다. 어쩌다 내 생각을 말하면 매질을 해 슬퍼도 참았고 분하여도 참았고 그렇게만 살아온 내가 누구한테 말을 할 수 있겠는가! 이대로 더 살다가는 정신이 돌아 내가 어떻게 사는 줄도 모르고 살 일을 상상하던 중 진주에서 회사 다닐 때 내가 잘 아는 언니가 불현듯 떠올랐다. 그 언니는 주위로부터 참 미인이란 말도 많이 듣던 언니였는데, 남자 문제로 너무도 충격적인 일을 당하여 크게 상심하다가 어느 날 정신이 돌아버렸다. 무작정 거리를 다니며 이상한 행동을 하고 누구도 알아보지 못하였다. 집에 다 가두어 두어도 때로는 뛰쳐나와 이상한 모습으로 시내를 활보하던 그 언니 생각이 떠올라 내가 더 생을 유지한다면 그 언니 꼴이 날 것 같아 견딜 수가 없었다.

난 그날 밤 몰래 꽃단장을 한 채로 그 집에서 나와 조금만 걸어가면 영산강이 있는데 거기로 가 영산강 물이 표면만 얼었고 속은 얼지 않아 그 속으로 뛰어 들어가고 말았다. 나는 또 한 번 해서는 안 될 짓을 하고 저질렀다. 그 누가 목숨은 자기 마음대로 할 수 없다고 했던가? 나는 그 물살에 떠내려가다가 어떤 나무에 걸려 소리를 내었는지 그 부근에서 고기를 잡던 사람이 발견하여 거기서 100여 미터 떨어진 곳에 초소가 있었는데 거기로 연락하여 나를 데려가라고 부탁하였다.

내가 정신을 차렸을 때 그 초소에 사람들이 하는 말이 "새똥밭에서 굴러 살아도 이 세상이 좋은데 왜 이리 젊은 사람이 기막힌 짓이고, 사는 데가 어디고? 한복을 입은 것을 보니 이 시간에

예사로운 사정이 아닌 것 같네"라며 나를 달래고는 "사정 이야기나 들어봅시다"라고 하였다. 나는 내가 살아온 이야기를 대충 들려주었다. 그리고 지금 처한 사정 이야기를 하니 내가 속아서 여기까지 온 이야기를 들어보더니 "죽을 만한 사정이네. 부모인 어머니가 그렇게 생각이 없는 분이요. 그래도 좀 알아보고 일을 만들지 참 고약한 일이네요. 그래도 살아야 합니다. 아이가 있다면서요. 어머니란 분은 아이를 생각해서 사셔야 해요." 그들의 끝없는 위로를 받고 그다음 날 아침 정월 초하루 아침에야 그 집에 들어가게 되었다.

나는 그 길로 내가 가지고 있던 지갑만 챙겨 경남 사천에 살던 내 집으로 내려와 버렸다. 하지만 난 이런 사정을 창피해 다른 사람들에게 이 일을 내색하지 않았다. 오직 내 딸 진이를 생각하고 의지하며 겨우 마음을 조금씩 챙겨서 살고 있었다. 그렇게 하루하루 죽은 듯이 살고 있는데 한 달이 지난 후 나주에 그 사람이 내가 사는 집으로 찾아온 것이다. 나는 어린 마음에 그가 무서워 우리 딸을 데리고 도망치듯 집을 뛰쳐나와 숨었다가 얼마 후 집으로 돌아가 그에게 말했다.

"난 댁과 같이 살 수 없으니 가라" "네 집에 가라 거짓으로 세상을 산 사람과 상종하지 않는다"라고 했더니 "무식한 년 네가 무엇이 볼 것이 있냐"고 하며 그때부터 욕을 하기 시작하고 피하면 때리고 도망가면 붙잡아 계속 매질하는 것이었다. 알고 보니 그는 나도 모르게 우리 어머니 집으로 나를 찾으러 갔던 모양인데 분별력과 생각이 모자라는 태순이 언니와 몇 시간 같이 있으면서 나한테 대한 것을 물어보았는지 우리 집이 가난하고 초등학교도 못 나왔으며, 미혼모가 되었는데 그 집에서 쫓겨났다는 말을 듣고 와서는 화가 머리끝까지 치민 모양이었다. 매를 맞고 쓰러져 병원에 갔는데 깨어났을 때 그 사람이 옆에 있었고 "임신이래. 결혼한 날 같이 잤는데 임신이란다" 라고 하면서 희망 가진 사람 같이 너무도 좋아하는 것을 보고 난 순간 또 기가 막혔다. 정신을 차리고 "애가 몇 명이 있는데 무슨 애를 또 낳을 것이냐" 고 "난 이 아이를 안 낳겠다" 라고 하니 "그 아이를 지우면 너는 나하고 결혼식을 했기 때문에 살인죄로 고발할 것이니 알아서 하라"고 겁을 주고 그냥 나주를 가버렸다.

이 일로 고민이 되어있던 차에 나는 막내 상조가 큰오빠 쌀가게에서 중학교 졸업 후 1년 동안 쌀 배달, 연탄 배달을 하다가 2월 중순에 어머니 집에 와 있게 되었다. 이런 와중에도 난 동생 상조가 고등학교는 나와야 한다는 생각에 상조를 고등학교에 입학을 시키고 내가 방 하나 부엌 하나 있는 집에 살고 있을 때 같이 살면서 동생 상조는 진주에 있는 대화고등학교를 다녔다.

내가 무엇을 해도 노는 사람은 아니어서 무엇이든지 했고 우리 진이와 상조와 셋이서 같이 살고 있었다. 임신 3개월쯤 접어들 때 나주에서 그 사람이 왔기에 좋게 대해주면서 애를 지우자고 사정을 했더니 그 애 지우면 농담이 아니고 너 고발한다.

살인죄로 말이다. 그래 놓고 또 나주로 가버렸고 애를 지우는 게 그것이 무기가 되었다. 그는 2~3개월이 지나 다시 찾아왔을 때 내가 다시 지우자는 사정을 하고 매달렸다. 하지만 어느덧 애는 달이 차서 낳을 달이 다 되어가고 있었다. 내가 나주에서 살 때 돈을 누구한테 빌려준 일이 있었다.

그 돈을 받아 나는 주변 정리를 하면서 상조 고등학교 1학년 마지막 등록금을 맞춰주었고, 복달을 편물학원에 6개월간 보내어 졸업을 시켜 아주 비싼 일산 편물기계를 사서 줄 수 있었다. 그리고는 복달이에게 "이제는 네가 상조 남은 등록금은 책임져라. 난 이제 나주로 가면 어떻게 될지 몰라, 그리고 우리 진이는 어머니한테 맡겨두고 가는데 너희들이 우리 진이를 책임지고 잘 키워 달라" 라고 신신당부를 했다. 그리고나서 나는 아이 아빠가 있는 나주로 갔다. 그 다음 날 돈 빌려준 친구에게 돈을 받으러 갔다가 오는 도중 차 안에서 진통이 너무 심해 나주에 사는 계군 친구 집으로 갔는데 그 친구가 나주 병원으로 데려가 둘째 아이인 아들을 낳게 되었다.

그 전날인 사천에서 출발하기 전부터 산기가 있었는데 우리 진이를 낳을 때처럼 진통이 2~3일 갈 줄 알고 참으면서 갔다가 급하게 애를 낳게 되었다. 그전에 살 때 성당에 다니던 언니한테 연락하였더니 그 언니가 자기 작은 방에 우선 와 있으라고 하여 아이를 낳아 그 언니 집에 우선 살기로 하였다. 출산 후 14일 만에 친정집에 와서 우리 진이를 데리고 가 그 방주인 언니 집에 내가 살집을 정하고 언니 집이 길갓집이어서 앞 벽을 털어 조그마한 가게를 할 수 있을것 같았다.

언니와 상의를 하여 그 언니가 내가 돈이 없어 그렇게 만들어 주지는 못하지만 네가 연구해서 가게를 만들어 해 보라는 허락을 하였다. 나주에 몇 년 살 때 알던 사람에게 빌려준 돈을 조금 받아 다시 가게를 시작하였다. 그나마 다행히도 가게가 잘되어 아이들과 살아가고 있는데, 두 번째 내 인생을 망친 둘째 아이 친아버지가 찾아와 행패를 부렸다. 며칠마다 한 번씩 찾아와 갖은 행패를 부리는 통에 더는 이곳에서 가게를 할 수 없어 나주 농교 부근으로 이사를 하여 숨어 살았다. 하지만 나는 아이들과 살려면 돈을 벌어야 했기에 윤임이 어머니한테 진이를 맡기고 다녔다.

  나는 생계를 위해 둘째 아들을 업고 나가 무엇인가 찾다가 부업을 하려고 광주에 있는 미술학원엘 다니게 되었다. 그때는 내가 예술을 한다는 그런 생각 없이 그저 돈을 벌 수 있는 수단으로 무엇이든 아이 둘을 데리고 살아야 하는게 우선이었다.
  며칠을 그 학원엘 다니면서 판자를 오려 그 판자에 곡식으로 물들인 재료를 가지고 그림을 그리는 기술을 배우게 되었다. 학원에서 그 판자에 수를 놓는 교육을 받아 며칠 만에 요령을 배워 아이 둘을 데리고 매일 광주를 갈 수 없어 재료와 판자를 미리 학원에서 사다가 아이가 잠들면 만들곤 하였다.
  우리 진이는 어느새 여섯 살이 되었는데 자라면서 무척 똑똑하고 영리하였다. 그때는 일일 공부란 것이 있었는데 문제지가 집으로 배달되어 진이를 가르쳤다. 동화책은 당시엔 세트로 살 수가 있었지만 형편이 어려워 동화책은 당장 사줄 수가 없었다. 그래도 일일 공부를 잘하고 내가 가르쳐 주는 진이는 무엇이든 잘 따라 하면서 여섯 살 후반에는 한글을 많이 알게 되었다.
  나는 판자에 수놓는 일이 많이 힘들고 또 이렇게 하다가는 돈도 못 벌겠다 싶어 농교 앞에 있는 가게에 한 번씩 놀러 갔는데 그때는 먹는 것이 궁한 시절이었지만 문득 옛날 내가 어린 시절 여름 집에서 빵을 만들어 먹던 생각이 났다. 나는 밀가루를 사 집으로 와 완두콩을 삶아 하나씩 넣고 옛날 어린 시절 먹었던 빵을 생각하며 만들었다. 무엇보다 이 빵은 내가 외갓집에서 회사 다 닐 때 외할머니가 가끔 만들어 주셔서 먹기도 하고 도시락에도 넣어 주던 빵이었다. 나는 빵을 만들어 우선 농교 앞 가게로 몇 개를 가져가 가게주인에게 "이것을 한번 팔아 보시려오." 했더 니 거기다 한번 두고 가라고 하여 두고 왔다. 난 저녁 늦게 내가 두고 온 빵이 어떻게 되었는지 궁금하여 가게로 갔다. 뜻밖에도 내가 만든 빵이 학생들이 맛있다고 한다면서 빵이 다 팔렸다는 것이었다. 주인은 "내일은 좀 많이 만들어 와라" 라고 하여 난 그 때부터 그 빵을 계속 만들어 이익이 좀 쏠쏠하게 들어왔다.

나는 이렇게 살아갈 길을 찾게 되어 한동안 아이들과 지내고 있는데 나를 시내에서 보아 뒤를 밟아 우리가 사는 집을 알아냈 는지 어느 날 또 둘째 아이 아빠가 집으로 찾아왔다. 그때 둘째 돌이 지나고 가을이 지나갈 무렵이었다. 나는 다짜고짜 그 사람 에게 왜 왔냐고 하면서 가라고 했더니 요즈음 같으면 상상도 못 할 일이지만 그가 나를 그냥 마구 두들겨 패 눈알이 튀어나올 정 도로 맞았다. 덩치가 100킬로나 되는 사람이 내가 맞아 쓰러져 있을 때 구둣발로 눈 끝부분을 밟아 눈이 튀어나와 꼼짝하지 못 하고 있는데 집주인 아주머니가 얼른 윤임이에게 연락하였다.

연락을 듣고 윤임이 어머니가 오셔서 아이들을 데려가 봐주시 면서 병원도 둘째 아이 아버지가 찾아올 것 같아 가지도 못했고 있는 나를 윤임이 어머님은 소고기를 사다 계속 부쳐주고 얼굴에 상처는 약을 사서 발라주셨다.

그렇게 상처는 아물어갔으나 아직도 얼굴 눈 옆에 흉터로 남 아 나이를 먹으니 검버섯처럼 보였다. 나는 지옥 같은 삶을 살면서도 우리 두 아이를 키워야 한다는 생각으로 마음이 약해져서는 안 되었다. 이곳은 무서워 살 수가 없어 다시 난 윤임이 어머니가 사는 집 옆으로 이사를 했다. 그곳에서 한 달 인가 될 때쯤 하루는 우리 진이가 공부를 한다고 하여 집에 두고 둘째 아이를 업고 잠깐 시장에 갔다 집으로 오니 금천에 사는 둘째 아이 친아버지가 집엘 와 있었다. 우리 진이는 무서워 방구석에 꽉 숨어 있었는데 그때 진이가 "엄마 저 사람이 내 눈썹을 뽑았다" 라고 하기에 깜짝 놀라 보니 아이 속눈썹을 뽑아 버린 게 아닌가. 나는 놀란 가슴을 부여잡고 바로 옆집에 사는 윤임이 어머님에게 연락하여 우리 집으로 오시게 했는데 그사이 그 사람이 나에게 폭행을 가하여 파출소에 신고했다.

경찰이 와서 그 남자를 데리고 갔다. 하지만 그 사람은 월남에서 몸 다쳐온 사람이라고 그냥 풀려나고 말았다. 그 사람은 평소 의처증이 심한 사람으로 조강지처에게도 매를 때려 도망갔고 또 어떤 여자한테 아이가 하나 있는데 도망갔다는 것을 알게 되었다. 그 뒤로 난 무서워 살 수가 없었으며, 귀가할 때면 항상 누가 나를 따라오는 것 같아 공포 속에서 몇 달을 살았으나, 도저히 이곳에서도 살 수가 없었다.

나는 시골 장에서 좀 싼 것을 사다가 나주에 와서 팔아 이문을 조금 남기면서 살았는데 아이들을 데리고 무거운 짐을 가지고 다니기가 무척 힘에 부쳤다. 지금은 동네슈퍼라고 불리는 정도의 가게를 열어 여러 가지 필요한 물건을 차려놓고 탁자 하나 두고 손님이 오면 조금 쉬면서 음료를 마시는 공간이 있는 가게였다. 아이들을 데리고 살림도 할 수가 있어 조금 힘은 들어도 그런대로 형편이 나아지는 듯했다. 그런데 어느 날 우리 진현이가 돌을 지나고 세 살이 시작될 때 아이가 순간 어디로 가버리고 안 돌아오는 사건도 겪었다. 영암에서 어떤 소녀가 우리 가게에 와서 그때 그 아이는 19세가 시작되는 아이였고 우리 집에 있게 해달라고 사정을 하여 그 소녀를 내가 같이 데리고 같이 살며 때로는 아이도 봐주고 가게도 봐주고 그래 저래 살아가고 있었다.

어느덧 우리 진이가 일곱 살이 되어 초등학교에 입학하였다. 여름이 시작될 무렵 진이 담임선생님이 우리 집에 가정방문을 오시게 되었다. 우리 사는 사정을 알고 가시면서 내가 광주학원에 나갈 때 판자에 곡식으로 물들인 재료로 수놓은 것을 표구도 않고 방 한쪽에 세워 두었는데 그것을 보고 또 보면서 "진이 어머님은 저 예쁜 수놓은 것을 어디서 구했어요." 나 저것 하나만 구해 주면 안 되느냐고 하시기에 "당시 나는 예술이라는 개념도 없이 광주에 있는 학원엘 다니면서 배워 만든 것입니다." 했더니 "그러면 진이 어머님은 다시 만들면 되겠네요. 저것 나한테 파세요. 정말 솜씨가 좋으시네요." 하면서 그것을 갖고 싶어 하셨다. 그때는 선생님이 가정방문을 오시면 봉투를 줬는데 곡식으로 나는 대신 선생님께 드린 후였다.

수놓은 그림을 생각 없이 "무슨 돈을 받아요. 그냥 가져가세요." 하고 주어 버린 게 내가 그때 한 3개월의 기간을 걸쳐 두 번을 실패하고 만든 그림이었다. 지금도 그 그림은 아주 생생히 떠오른다. 그 그림을 그렇게 만들어 놓고 볼 줄도 몰랐고 그냥 도안대로 수를 놓은 것인데 그림 자체를 지금도 잊지 않고 있었다. 선생님에게 주고는 후회도 했지만 돌려달라고 할 수는 없는 일이었다. 세상을 조금씩 알아갈 때 그 그림 그냥 드린 것이 아깝고 또 허전했다. 그때부터는 우리 진이가 학교를 다니고 둘째가 세 살이니 무작정 돈을 벌어야 했다. 금천에 그 남자는 내가 가는 곳마다 어떻게 하든 나를 찾아와 두들겨 패고 가게 안에서 난장을 부리곤 했었다. 그날도 또 찾아와 행패를 부리고 있었는데, 때마침 나주 한독공고 선생님 4명이 가게 안에서 음료수를 마시고 있었고 그 선생님들이 행패 부리는 것을 못하게 말려 주었고 다행히도 파출소가 우리 가게에서 20여 미터도 안 되는 가까운 거리에 있어 곧장 경찰이 왔다. 그 이후 그 사람은 찾아오지 못했다.

　이것이 인연이 되어 한독공고 선생님들은 종종 우리 가게에 오곤 했다. 한독공고 선생님은 가게에 오면 음료수를 자주 마셨으며 영암에서 온 민선이에게도 한 잔씩 부어 주었다. 난 민선을 보고 우리 가게에 자주 오는가 싶었는데, 하루는 내가 외출을 했다가 밤 9시쯤 귀가하니 한독공고 선생들 3명이 와서 음료수를 마시고 있었다. 나는 들어와 가게정리를 하고 곧 문을 닫아야 하므로 "우리 가게 문을 닫으니 이젠 가십시오." 하고 말했다.
　선생들은 조금 미적거리면서 일행 중 한 명이 술에 취해서는 "여기 음료 한잔하세요." 하기에 난 환타 한잔을 받아 마신 후 몸도 많이 피곤하고 하여 민선한테 가게 문을 닫으라고 일렀다. 아이들을 재우려고 방에 들어와 같이 잠이 들었는데 꿈속에서 하늘이 무너지는 꿈을 꿔 깨고 보니 새벽 3시쯤 되었는데 기가 막힌 광경이 벌어져 있었다. 큰방 1개에 아이들은 자고 있었고, 민선에게는 무엇을 먹였는지 죽은 듯이 자고 있었으며 음료를 한 잔 준 그 남자는 내 옆에서 자고 있었다. 나의 몰골을 보고는 말문이 막혔으며, 나도 모르는 사이 이런 광경이 왜 벌어진 것인지 기가 막혔다. 나는 정신을 차리고 옷을 입고 잠만 잤는데 그 음료에 무엇을 넣었기에 내가 모르는 사이 이런 상태가 되어버렸는지 앞날을 생각하니 부끄럽고 창피해서 살 수가 없을 것 같았다.

 난 민선이한테 "어떻게 들어와 잤니?" 물어보니 "그냥 문단속하고 방에 와 잤지요." 하였다. 우리 방 뒤로 뒷마당과 뒤뜰이 있었고 마당 한 편에 큰 나무들과 뒷마당에는 뒷문도 있다. 어떻게 된 사정인지 난 또 그렇게 기막힌 꼴을 당했는지 지금 같으면 법으로 하고 야단이 났을 것인데 그런 쪽에 달려가 호소도 할 수 없는 처지였다. 다시는 우리 집에 오지 말라고 단호히 말했고 또 사정도 하였다. 혹시 남이 알까 봐 몇 번을 그를 붙들고 빌다시피 하였다. 하지만 그는 밤이면 가게로 찾아와 나를 괴롭혀 창피하기도 하고 더는 가게를 할 수 없었다.

 어떻게 할 방법이 없어 윤임이 어머니한테 사정을 말씀드렸더니 "그 가게를 그만두어라" 하시고 "찾지 못할 곳으로 숨어라" 하시어 당장 가게를 정리하기로 하였다. 다시 윤임이가 사는 집 부근에 집을 구하여 한 달에 얼마씩 받고 아침저녁 식사만 하는 하숙을 치면서 생활하고 있었다. 그런데 어찌 알았는지 그 남자는 밤이면 남몰래 집으로 왔다. 요즈음 같으면 고소하고 어떤 법적 조치도 하겠지만 그 시대의 여자들은 남자들 폭행 앞에서 당하고만 살았다.

 내 의지와는 관계없이 난 세 번째 아이를 갖게 되었다. 어쩔 수 없이 나에게 온 귀중한 한 생명을 지워 버리려고 했다. 그런데 그는 자기가 삼대독자라면서 아이만 지우지 말아 달라고 하였다. 내 생각은 확고했으나 그 사람 어머니가 주위 사람들한테 자기 아들이 여자를 보는데 아이가 생겼다며 동네 소문을 내어 아이를 지울 수 없다고 했다. 남들은 아이를 가지면 축하를 받고 행복해하며 출산하는데 나는 왜 이렇게 힘들게 아이를 갖게 되는지 운명의 장난일까? 하늘이 원망스럽기도 했다. 임신 5개월이 될 때 아이 아비는 늦게 방위훈련을 한 달 인가 갔다. 와서는 아예 내 집에 함께 거주하며, 심지어 나한테 돈까지 달라 하였다. 그 사람의 어머니는 돈 벌어서 살 줄도 모르며 자기 아버지는 병세에 시달리고 계시고 그는 학교에 정직원도 아니었다.

  기술계 임시직원으로 월급을 조금씩 받아 생계를 하다 방위 근무가 시작되니 훈련을 받고는 나주 읍사무소에서 근무하며 나의 의지와는 상관없이 같이 거주하게 되었다. 그는 나에게 아무런 힘도 되지 않았다. 마냥 나에게 의지했으며 내가 조금 가지고 있는 돈도 다 갖다 쓰고 생각 없이 소비만 해댔다.

  돈이 없어 돈을 좀 달라고 하면 오히려 임신한 나에게 위협하면서 겁을 주었다. 나는 애를 곧 출산할 단계가 되었지만 이런 상태에서는 출산할 수 없다고 했더니 홀 몸도 아닌 나를 폭행하여 많이 맞은 적이 있었다. 그때 난 그냥 아이가 유산되었으면 좋겠다는 생각까지 들었는데 이웃집 사람이 와서 나를 구해 주었고 애를 가진 사람을 이렇게 패냐고 야단을 치면 말리는 사람한테까지 싸움을 걸었다.

  지옥 같은 세상이 또다시 시작되었다. 그래도 살아야 했기에 때리면 무서워 참아야 했고 소리 지르면 아이들을 위해 잠자코 지냈다. 그러던 여름 아이가 6개월쯤 내가 많이 의지하고 우리 진이 어릴 때 키워주시던 그 어머니마저 돌아가시게 되어 내 마음은 더욱더 힘이 들었다. 그 어머니는 내가 힘들 때 정말 힘이 되어주시던 분이며, 그 집 식구도 우리 진이를 전부 좋아했다. 그 어머님이 세상을 뜨시기 전에 내 집에 오셔서 "진이야 너는 내 친자식보다 나를 생각해줘 정말 고맙구나." 라고 말씀하시며 세상이 요즘은 참 싫다는 말을 하고 가셨다.

그분이 가신지 이틀 후 친구들과 친구 남편과 드들강에 갔다가 친구들이 깊은 물에 못 들어가게 해도 들어가더니 안 나왔다는 말을 그 어머니 친구들에게 들었다. 지금도 생각하면 그 어머니는 나를 진심으로 생각했고 친구들이 모이는 장소에 때로는 꼭 나를 불러 내 딸 착한 내 딸 나같이 팔자가 되어 더 불쌍하다며, 어디 가서 먹을 것이 생기면 애들 먹이라고 갖다 주시기도 하였다. 그때는 윤임이보다 더 어머니를 의지하고 따랐다.

그 어머니가 세상을 떠나고 난 너무 슬픈 나머지 몇 달을 울면서 그 어머님 모신 곳에 가서 울고 또 울었다. 지금도 그 어머니가 그립고 보고 싶다. 어머님은 겨우 50을 넘기고 세상을 하직하셨는데 그때 나의 셋째 아이가 뱃속에 있었을 땐데 "네가 이번에 아이를 낳으면 이 엄마가 키워주마." 하고 그렇게 약속도 하셨는데 난 무슨 슬픔이 있었는지 이틀 전에 왔을 때 못 물어본 것이 가슴 아프고 아쉬움이 남았다.

한번은 꿈을 꾸는데 수저를 내 손에 꼭 쥐어주셨다. 떠난 후에는 보이지 않았다. 지금도 그 뜻이 무엇인지 알 수 없는 수수께끼다. 지난날 살아온 날을 회상하면 영화의 한 장면처럼 떠오른다. 우리 막둥이를 가지고 살 때 그 아비는 내가 돈을 벌어오면 그 돈을 달라고 하고 돈을 주지 안주면 두들겨 팼다. 그때는 아이를 낳을 때가 되어도 방위 임무를 지켜야 하니 2년 정도 방위를 받는 동안 자기가 사용할 용돈도 줘야 했다. 우리 막둥이 임신 후기부터 생활의 고통이 또 시작되었다.

내겐 잊을 수 없는 친구인 민호 엄마가 있었다. 시부모와 아들 둘, 딸 하나를 가진 친구인데 살아 있으면 꼭 만나고 싶은 친구, 그 친구는 화장품 장사를 했다. 그해 여름을 지날 쯤 내가 몹시 힘들고 많이 아팠다. 돈도 없고 또 셋째 아이 친아버지가 나를 괴롭혀 작은 부엌도 없는 방에 한 20일 살 때였다. 옆집 주인 할머니가 아이들 먹이라고 밥을 줬는데 쉰밥을 줬던 것 같다. 난 아파서 며칠을 못 일어나고 아이들이 그 쉰밥을 먹고 토하고 야단일 때 그 친구가 밤에 자기 집에서 시부모 몰래 보리쌀과 쌀 한 되쯤 되는 것을 가지고 와 애들 먹이라고 밥을 해주었다.

정 많은 친구는 우리 막둥이 낳을 때도 윤임이와 같이 와서 아이를 받아준 친구이다. 내가 아이를 낳고 한 5~6개월 후 그 친구는 남편과 크게 다투고 집을 나간 후 소식을 못 들었고, 내가 나주에 살 때는 소식을 알려고 해도 친정이 전주라는 것밖에 알 수도 없었다. 그 친구 남편은 아이들을 두고 다른 곳에 갔다고 하여 소식을 알 수 없어서 내가 여유가 생기면 그 친구를 찾아봐야지 한 것이 이렇게 43년이 흘러버렸다. 때로는 한 번씩 보고 싶어 순간순간 생각은 했지만 사는 게 여의치 못해 살아 있으면 만나고 싶은 친구 민호 엄마다.

막내아들을 낳은 후 생활이 힘들다 보니 이제는 무엇을 하든 부끄러움 같은 것은 생각할 수 없었다. 막내 아이는 업고, 우리 진현이를 데리고 우리 진이는 학교에서 오면 윤임이네 집에 가 있었다. 난 아이 둘을 데리고 오일장을 찾아다녔다. 여러 가지 물건을 오일장 가는 버스에 싣고 다도장 남평장 함평장까지 오일에 세 번은 아이 둘을 데리고 다니면서 일 년간 돈을 모았다. 집도 독채로 세를 얻었는데 집이 도로변이라 식당을 할 수 있는 곳으로 상채는 방이 두 개 내가 살고 길가에 그곳은 남평에서 오신 분에게 전전세를 주어 식당을 열었다. 그때 막둥이 아비는 방위 끝나고 학교에 복직 했는데 자기 부친을 닮아 술을 좋아한다고 사람들이 말을 많이 했다. 다시 학교에 나가면서 기세가 당당해지고 하루도 쉬지 않고 술을 마셨다.

우리 현이가 3살 때부터 나는 나주에 있는 흥국보험 회사에 다니게 되었는데 그러다 보니 사람도 많이 만났고 보험을 열심히 하여 일 년이 못 되어 전국에서 보험 왕으로 뽑혀 수원에 있는 흥국생명에 7박8일 동안 연수를 받으러 간일도 있었다. 어떤 일이든 무엇이든지 열심히 하였다.

어느 날 영암 어느 동네의 친구를 한사람 알게 되었는데 그 사람이 동네에서 소개를 많이 해줬고 보험은 신용이 꼭 필요한 직업이다 보니 사람들이 성실과 진실로 일하는 나를 믿어 줬다. 전국에서 각 지부 각 시군에서 보험 왕을 한 사람씩 뽑아 7일간 교육을 갔다 오니 그때도 윤임이 어머님이 아이 셋을 돌보아 주셨다. 7박8일을 교육을 받고 나주 집에 돌아왔을 때 막둥이 아비는 학교에 복직하여 몇 달간 다녔는데 내가 없는 동안 술을 많이 먹고 실습생 학생과 크게 싸워 학교에서 못 나오게 하는 바람에 결국 실직하여 나를 못살게 굴었다.

1980년 광주 민중 항쟁이 났을 때 우리 집은 경찰서 바로 앞이라 계엄군이 경찰들과 사투를 벌였다. 나는 광주 사는 지인 언니가 있어 오전에 광주에 보험을 체결하러 갔다가 갑자기 광주 시내가 난장판이 되어가고 있었다. 영화에서 본 것처럼 수많은 사람이 쓰러져 있었고 버스는 통행이 중단되어 난 나주를 걸어서 오고 있었다. 광주를 한참 지나 남평에 도착하려면 아직 한참을 걸어가야 하는데 지나는 군 트럭 안에는 죽은 사람을 가득 실었는데 마치 죽은 짐승을 싣고 가는 것처럼 보였다. 간혹 팔 다리가 빠져 나와 밖으로 덜렁 거리는 트럭은 아찔하고 처참한 광경이 아닐 수 없었다. 정말 슬펐고 마음이 어지러웠다. 간혹 학생들이 전두환은 살인자라고 크게 써서 붙이고 지나가는 트럭도 눈에 띄었다. 1980년 5·18 광주 민주화운동이 일어난 것이었다.

지금도 너무 가슴 아픈 일로 생생하게 떠오른다. 세월 속에 잊혀 가고 있지만 그 수많은 젊은이들이 민주주의를 외치며 삶과 죽음도 개의치 않고 쉴 새 없이 나주까지 오는 순간 나도 가슴이 꽉 차 어떻게 나주까지 몇 시간을 걸어서 왔는지, 그 젊은 영혼들의 희생으로 우리나라가 민주주의 국가가 되지 않았을까, 지금도 실감하며 순직한 민주주의 청년들에게 애도의 기도를 올린다.

그때 내 나이 30대 초중반이었다. 하지만 나는 오직 생계에만 몰두할 수밖에 없었고 세상사 어떻게 돌아가는지 나 같은 사람은 돌아볼 생각조차 하지 못했다.

우리 아이들한테만큼은 나같이 못 배우고 남한테 무시당하지 않게 살게 하려면 돈을 많이 벌어야 했다. 우리 아이들은 힘이 될 때까지 뒷바라지해서 공부도 시켜야 한다는 다짐과 희망은 늘 마음을 떠나지 않았다. 그런데 세상은 이렇게 나를 살게 두지 않았다. 아이 아비란 사람이 자기 부모와 살면서 툭하면 나한테 찾아와 돈 달라고 떼쓰고 패고 가는 것이었다. 파출소에서 연락을 받고 가면 술을 먹고 남들과 싸움을 하며 파출소에 잡혀 있었다. 그래도 아이 아비라 합의란 것을 봐야 했다. 하지만 싸움질은 이틀 걸러 한 번씩이고 그래도 경찰에 잡혀가는 꼴 보기 싫어 싸움을 말리면 그 분풀이를 술이 깰 때까지 나를 패고 도망가면 어디든지 찾아내어 끊임없이 때리고 또 맞고 악순환이었다. 그때도 난 보험을 하여야 했으며, 한 팀의 책임자가 되어 사원관리도 해야 했다.

　지금도 기억에 생생이 남아있는 사실은 그때도 보험사 도국에 가서 교육을 받고 다음날 아침 조회를 하는데 지부장님이 내게 어제 국에 가서 교육받은 것을 사원들에게 어떻게 교육을 받고 왔는지 실제로 교육받은 것을 설명해 보라고 하셨다. 단상에서 몇 마디 이야기를 하고 내려오는데 우리 팀 말고 다른 팀에 있는 김정애란 여자가 자기 딴에는 나보다 본인이 훨씬 나은데 보험은 왜 못하나 하고 질투를 많이 했었다. 그날도 단상에서 내려오니 내게 욕설을 하면서 내 머리채를 잡고 우리 이웃에 사는 모지리, 쫄랑쫄랑 술배달 아들의 딸이, 모지리 개천에 용났나, 저런 것도 보험을 이리 잘하는데 나는 왜 안되나 하면서 무작정 나를 때리고 무시했다.

　난 아이 아비와 더 이상 연결되면 안 되겠구나 하고 절대 이렇게 살면 안 되겠다고 다짐하고 우리가 사는데 못 오게 했지만 술만 먹으면 찾아와 나를 두들겨 패곤 했다. 우리 진이가 윤임엄마 집에 가서 "할머니 엄마가 또 맞아요." 하고 전하면 그 어머님은 쫓아와 그 사람을 훈계하고 "네가 객지에 아무도 없다고 이렇게 무시하고 사흘이 멀다 하고 이렇게 행패를 부리는가 보구나." 하시면서 '이 아이는 내 딸이다. 윤임이 아버지한테 일러 그냥 두지 않겠다.' 고 하셨다. 다른 사람들은 크게 관심을 갖지 않지만 그 어머님은 나보고 항상 불쌍한 새끼 마음 많이 아파했고 그래도 우리 아이들은 윤임이네 집에만 갖다 두면 안심하고 아버지가 계신 그 집만큼은 무서워 아이 아비는 가지 못했다.

상조가 제대를 하였다고 어느 날 나주에 다녀간 일이 있어 주소를 가지고 갔는데 부산 외갓집 주소를 보내와 외할머니가 나를 꼭 한번 본다고 돌아가시기 전에 한번 왔다 가라고 하였다고 했다. 우리 진이가 초등학교 2학년이었는데, 진이가 학교를 하루 쉬고 토요일 아이 셋을 데리고 할머니가 계신다는 부산 양정이란 곳을 찾아갔다. 할머니가 너무 반가워하시면서 "네가 너무 보고 싶어 죽을 수가 없었다. 할아버지는 3년 전에 돌아가셨다" "왜 몇 년 동안 소식이 없었느냐." 하셨다.

나는 우리 진이 다섯 살까지는 진주 외갓집을 가끔씩 찾아 갔는데 이후 살아가는데 바쁘다 보니 약 7년여 동안 할머니를 찾아 뵙지 못하였다. 언제 부산으로 이사 왔느냐고 물어보았더니 몇 년 안 되었다고 하셨다. 여기 와서 갈 때도 없고 매일 누워 있어서 인자는 내가 죽을 것 같구나. "너를 보고 죽으려고 부탁을 했더니 왔구나." 하시면서 우리 아이들도 보고 좋아라 하셨다.

우리 진이를 보시고는 "꼭 너 어릴 때 같이 야무지게 생겼구나." 하면서 "저 농 위에 요강 좀 내려 보아라" 하시기에 할머니 요강을 왜 농 위에 두었냐고 하면서 요강을 내렸더니 요강이 꽤 무거웠다. 요강 안에 무엇이 들어서 이렇게 무겁냐고 물었더니 "이리 가져와 열어 봐라" 하셔서 열어보았더니 과자 종류가 가득 차 있었다. 나는 "할머니 요강에 더러운 데 왜 이것을 넣어 두셨어요." 하니 "그 요강 새것인데 너를 주려고 그래." 할머니가 말씀하셨다. 옛날에는 냉장고 없던 시절인데 할머님은 내가 회사를 다닐 때 일요일 날 외갓집에 가면 나 준다고 제사 지낸 음식을 여름에도 보관을 잘 하시던 때가 생각나 나는 많이 울었고 지금도 그때를 생각해보니 할머니 생각이 나 눈물이 난다. 그것이 할머니의 마지막 모습이며 할머니와는 영원한 이별이었다. 나중에 안 일인데 내가 할머니 댁을 다녀오고 일주일 후 세상을 떠나셨다는 소식을 들었다. 할머님은 항상 나를 생각해 주셨으며 내가 하는 말에는 항상 수긍 해주셨다.

내가 미혼모가 되어 할머니를 찾아 갔을 때도 오히려 마음 아파 해 주시고 다독여 주셨다. 할머니와 사촌 동생은 사이가 좋을 때인데도 사촌 동생이 딸을 낳고 할머니 집을 찾아 갔지만 아이를 데려오지 못하게 했다. 그래서 내가 할머님을 찾아가 "할머니 성근이 동생이 갈 곳도 없는데 할머니가 받아 주세요." 하고 사정을 하니 할머니께서는 내 말을 들어 주셨다. 그 당시 할머니는 내게 말씀하셨다. "너는 생각 없이 사는 아이가 아니다. 네가 일이 생기면 분명히 사정이 있을 것이다. 난 다 안다"고 하였다.

우리 외할머님은 우리 어머니와는 상상할 수 없이 비교되는 분이다. 할머니는 솜씨도 참 좋으시고 좋은 말씀도 잘 해 주셨는데, "사람은 남한테 신용을 잃으면 자기가 아무리 젊어도 그 사람의 인생은 희망이 없다." 는 이런 말씀도 해 주셨다. 우리 집 식구들, 또한 우리 어머니는 분별력(세상물정에 대하여 옳고 그런 것을 판단) 없이 사는 사람이라 내가 성장하여 할머니한테 "우리 어머니는 왜 그래요" 하고 물으니 할머니 하시는 말씀 "너의 어머니가 어릴 때는 영리했단다. 어느 날 많이 아파 죽을 것 같기에 옛날에 한약방에 가서 우황을 사다가 양을 많이 먹어 그렇게 되었어. 그래도 많이 좋아졌지 내가 자식을 열 명 넘게 낳았지만 홍역으로 다 죽고, 학교에 다니다가도 죽고 겨우 네 엄마와 두 삼촌만 살았단다." 그리고 "네가 열 살 정도 때쯤 성근이 아비는 6·25때 빨갱이한테 잡혀가 몇 년을 있다가 도망쳐 왔는데 병에 걸려 와서 얼마 못 살고 죽었지!" 하셨다.

우리 할머님은 정말 생각이 투철하시며, 누구한테도 거짓말하는 것을 용서 하지 못 하시며, 나는 어릴 때부터 자랄 때까지는 주로 외갓집에서 생활하다 보니 인성교육은 전부 할머니한테 배운 것이라 여겨진다. 항상 계획을 세우면 꼭 그렇게 하시고 항상 준비성이 있던 할머니, 나도 어른이 되어 자식을 낳고 살면서 삶의 방식인 성품은 우리 할머니 사시던 모습을 닮았구나 하는 생각을 많이 했다. 누구의 도움 없이도 할머니한테 보고 배운 것을 때로 느끼곤 했다. 할머니와는 대조되는 우리 어머니한테 나는 아무것도 느껴 본 일이 없었다. 생각 없이 하루하루 세월 속에 묻혀 가던 우리 어머니는 기억에 내가 돈만 가져다주면 좋아하는 어머니였다. 그런 어머니가 때로는 불쌍하게 느껴졌다.

나는 초등학교도 못 나오고 독학으로 공부하여 여기까지 왔지만 나를 깊이 아는 사람들은 그래도 참 바르게 사는 사람이라고 칭찬을 많이 하고 착하다고 하는 말을 많이 들었고 지금 너는 고생하지만 자식은 분명 잘 될 것이라고 그런 말은 많이 들었다.

할머니께서 세상을 떠날 무렵 나주에 있는 보험회사에 입사하게 되었다. 직업상 사람들을 많이 알게 되었다. 난 보험을 하면서 우리 현이를 업고도 다녔다. 그러다가 우리 현이가 4살이 될 때 우리 집 옆에 유치원이 있었는데 그때는 어린이집과 겸한 유치원이었다. 4세 반이 한 반이 있어 우리 막둥이는 4세 반에 보냈고 우리 진이는 3학년이 되고 우리 진현이는 7살로 윤임이 어머님은 나 일 잘하라고 내가 일할 때마다 우리 진현이를 돌봐주었다. 난 열심히 사람들을 만나 보험가입을 시켰다. 그러다 보니 수익금도 많아졌다.

나는 더욱더 열심히 했다. 진주까지 가서 보험을 가입시켰다. 이렇게 열심히 하다 보니 회사에서 우수사원 상도 받게 되었다. 그러던 중 진주에서 살 때 알게 된 언니 소개로 진주 중앙시장 입구에 염업사를 하고 계시는 분이 자기 작은 아버지라면서 소개시켜주었다. 그분은 보험 1개를 가입하고 3번 수금 차 진주에 갔더니 그 염업사 사장님이 하시는 말이 "내 조카가 말하는데 네가 참 착하고 똑똑 하다더라 네가 나주에서 산다던데," 하면서 다음 말을 이어가셨다. "그러면 해남이란 곳도 알겠구나" 하여 "예 알지요" 했더니 사장님께서 하시는 말씀이 "해남에서 나오는 소금이 참 좋단다." "네가 거기 산지에 가서 한번 알아보고 나한테 전화 한번 주어라" 하시면서 "지금 여기서 도매로 들어오는 가격을 말해 줄 터이니 괜찮으면 네가 열흘에 한 번씩 시간을 내어 그것을 한번 구상해봐라" 하셨다.

나는 사장님이 하시는 말을 듣고 일요일 쉬는 날 해남에 있는 염전에 가서 사실 조사를 하고 그 사장님께 말씀 드렸더니 "그럼 8톤 차로 300개를 실을 수 있으니 한번 가지고 와보라"고 하는 것이었다. 난 우리 현이를 업고도 5일장 장사를 해본 경험이 있어 계산을 하고 해남에서 좋은 소금 300개를 구입하여 한 차에 싣고 진주 중앙시장 입구 염업사에 도착하였다. 염업사 사장님은 물건을 보시더니 "너 참 똑똑 하구나" 하시면서 나에게 가격도 물어보지 않고 바로 염업사 사장님께서 계산을 하여 물건 값을 지불해 주었다. 이 금액은 내가 그렇게 보험가입을 시키기 위해 한달을 뛰어 다니며 얻은 수익금 보다 많은 돈이었다.

난 또 다시 보험회사를 다니면서 쉬는 일요일이면 염전에서 소금을 실어다 팔았다. 이렇게 4번에 걸쳐 염전에서 소금을 실어다 판매한 수익금이 보험회사에서 받는 5개월분 월급에 버금가는 돈이 되었다. 그리고 산지에 직접 가지 않고도 염업사 사장님과 전화로 통화를 하여 해남에서 소금을 실어 보내면 통장으로 소금 값을 입금해 주었으며, 이렇게 한 6개월간 그 장사를 했더니 점점 돈을 모을 수 있게 되었다. 그때 주위에서 내가 소금 장사를 하는 것을 알고 있는 내 보험고객 중 배터리 가게를 하는 여자 분이 있었는데 자기가 운영하고 있는 가게 2층 건물이 있었다.

소금 장사하시는 진주 염업사 사장님이 자기가 수수료를 조금씩 받고 통영, 울산, 부산 염업사, 진주 망경동 등 여러 곳의 거래처를 연결하여 주어 난 소금장사가 잘되는 때였다. 그래서 보험회사를 그만두려고 했지만 지부장님이 일주일에 두 번만 회사를 나오면 출근 처리는 해주신다면서 보험회사를 그만 못 두게 하였다. 그래서 난 배터리 가게 2층 건물을 1,000만원에 계약하고 두 달 후에 잔금을 치르기로 약속하였다. 난 33년 만에 생전 처음 내 집을 산다는 것에 너무너무 좋아 꿈을 꾸는 것 같았다.

두 달 후 잔금을 치르기로 하고 보험회사 고객인 영암에 있는 친구 벌 되는 고객과 또 다른 고객인 광국이 엄마가 전세보증금으로 200만원씩을 내고 내가 계약한 베터리 가게 2층으로 이사 들을 와 살게 되었다. 그리하여 잔금 날이 되어 이전등기를 하기 위해 등기부를 달라고 하니 주지 않아 알아보니 베터리 가게 주인 빚이 한 5천만 원 정도 된다고 하였다. 그래서 등기부 등본을 열람하니 은행에 담보로 700만 원 정도가 저당되어 있어 이를 풀어야만 소유권 이전을 할 수 있다고 했다.

집주인은 내가 소금장사가 잘 된다는 소문을 듣고는 나를 속이고 계획적으로 사기를 친 것이다. 나는 집주인을 믿었기에 이런 사실을 알아보지 않고 매매계약을 했는데 또 당하고 말았다. 그때 아는 것이 없어 부산에 있는 경남 경찰청 보안과 과장이었던 외삼촌을 찾아가 사실 이야기를 하고 도움을 요청하니 초안을 잡아주시면서 대서소란 곳이 있을 것이다 거기 가서 이대로 써서 경찰서에 서류를 내거라 하셨다.

내 나이 33세였다. 이런 일은 어떻게 해야 했는지 아무 생각 없이 경찰서에 그 서류를 냈는데 먼저 경찰서에서 조사를 받았고 이런 일에 대해 잘 알지 못하였기에 그렇게 크게 죄를 지으면 잡혀가는 줄 알았는데 상황은 그렇게 돌아가지 않았다. 그 여자는 자기주위 사람들을 모아 나를 괴롭히기 시작하였다. 하루는 어디 갔다 밤에 집으로 귀가하기 위해 버스정류소에 내려 조금 걸어가고 있는데 순간 갑자기 뒤에서 얼굴도 모르는 여러 명의 여자들이 무작정 내 머리채를 잡고 나를 두들겨 팼다. 알고 보니 평소 내가 일 잘하는데 질투심을 갖고 있던 같은 보험회사에 다니던 김정애란 여자도 포함이 되어 있었다.

김정애는 버스정류소가 있는 우리 집 부근에 숨어 있다가 순간 어디서 얼굴도 모르는 여자들과 같이 나타나 "배터리 가게 고발 취소 않으면 죽여 버릴 거다." 면서 아주 노골적으로 "쫄랑쫄랑 술 배달꾼 아들인 모자라는 인간하고 사는 여자인 네가 무엇을 안다고, 배터리 가게 문 여사를 고소를 했느냐! 고소 취소 안하면 너를 나주에서 못살게 할 것이다" 등 폭행 및 괴롭힘을 당하면서 고소는 흐지부지 되어 버렸다.

 나는 이로 인하여 소금을 실어와 진주, 통영, 울산, 부산으로 보내는 사업을 할 수 없었고, 그 집을 포기하고 세들은 사람들에게 보증금을 내 돈으로 반환 해주었다. 난 또 내 주위가 빈곤하기 때문에 어리석고 남의 말을 잘 믿는 바보였다. 하루하루가 너무도 괴로웠지만 해결을 나 혼자 할 수밖에 없는 실정이라 이대로 괴로움에 빠져 있을 수만은 없었다. 나는 다시 마음을 다져 먹고 현실을 받아들일 수밖에 없었다.

 나는 집 살림과 우리 아이들을 봐주는 사람도 두고 소금 영업에만 몰두했다. 그때 나주에 승용차가 있는 곳은 큰 병원, 큰 도매상 같은 곳만 승용차가 있었는데 내게도 승용차가 있었다. 나는 해남으로 자주 소금 포대를 싣기 위해 가야하며 또한 영업을 자주 다녀야 했기 때문에 차가 필요했다.

6부 내 아이들과 함께

106 기나긴 터널을 지나면서
　　　큰소리로 외치고 싶다

1980년~1982년

　우리 진이는 중학생, 우리 진현이는 초등학생, 우리 막둥이는 초등학교에 입학했을 때였다. 내가 운영하는 가게에서 한 100미터 떨어진 나주 교동이란 곳에 위치한 130평짜리 주택에 건평은 30평이고 앞마당에는 텃밭을 할 수 있는 마당이 아주 넓은 주택을 1,300만원에 구입하였다. 2~3년 후 그곳에 가서 살 것을 계획하고 수리비 150만원을 들여 수리를 하여 전세보증금 250만에 세를 주고 있었다. 그 당시 남편과 같이 살고 싶지 않았지만 평소 술만 안 먹으면 그래도 자식들을 생각해서 함께 살고 있었다.
　남편은 자기가 무엇이든지 할 수 있는 일을 해보게 해 달라고 하며, 자기 선배란 사람과 오리 농장을 시작해 본다고 하였다. 남편은 송오리 라는 곳에 선배 영식이라는 사람과 함께 오리를 약 5천 마리 정도를 키웠으며, 또한 내가 하는 염업사 마당 안 빈터가 있는 곳에서 오리를 약1천 마리를 키웠는데 사료가 3일에 3톤 차로 1차씩 들어갔다.

　난 소금 사업에 몰입되어 있었다. 소금을 실어 오려면 영업용 트럭이 필요했다. 남의 차를 쓰려고 하면 필요한 시간 때를 맞추지 못해 영업에 지장을 주는 일이 초래되었다. 그래서 8톤 트럭을 1,300만원에 구입했다. 그리하여 승용차 기사, 트럭기사를 두었다. 그런데 아이 아빠는 내가 하는 소금사업에 완전히 자기가 큰 회사 사장이나 된 듯 술만 마시면서 내가 해남 염전에 소금 실러 가 있으면 승용차 기사와 차를 타고 해남 염전까지 와 술에 만취가 되곤 하였다. 그 뿐 아니라 염전에 있는 사람들에게 시비를 걸어 싸우려고 하여 내가 말리면 그 사람들과 싸우지 못한 것에 대한 분풀이로 사정없이 나를 패고 사람들 앞에서 망신을 주는 일이 종종 있었다. 그 후 염전을 갔는데 나를 존경하며 믿고 사장님 사장님 하던 사람들이 앞전에 남편이 하던 행동을 보고는 "사장님 이렇게 사는 줄 몰랐습니다." 하면서 안타깝게 보고 측은해 하였다. 나는 너무도 괴롭지만 우리아이들과 살아야 했기에 사업에만 열중하였다.

  소금사업은 점차 성장해 갔다. 영암 삼호에 넓은 염전이 있었는데 그곳도 거래처가 되어 약 1년간을 다녔다. 삼호에는 염전 사장님 작은 부인이 살고 있었는데 그분은 일본사람이었다. 내가 일 년을 넘게 다니다 보니 사장님 작은 부인과도 부모 자식 같은 사이가 되었다. 하루는 나보고 "자기 딸 하자" 며 사장님 본부인과 작은 부인이 함께 내가 살고 있는 나주 집을 방문했다. 또한 삼호 염전 사장님은 소금 외상거래도 해 주셨다.
  난 염전에 사시는 그 어머니를 양부모로 연을 맺게 되었다. 나는 우리 아이들을 데리고 수시로 삼호에 왕래를 했다. 그때 양어머니는 육십 대 중반이었고 삼호 염전 사장님은 칠순쯤 되었던 것 같다. 하루는 양부모님께서 하시는 말씀이 "삼호에 내가 운영하는 주유소가 있는데 너에게 줄테니 한번 경영을 해보지 않겠느냐" 라고 하시면서, 너는 머리도 좋고 심성이 착하니 열심히 하면 큰 사업가가 될 것이라고 하셨다.

염암 염전에서 어느날 울산으로 가는 소금을 상차 하고 있는데 해남에서 그랬던 것처럼 나의 남편은 술에 찌들려 승용차를 타고 와 그 염전 사람들에게 시비를 걸어 싸움이 시작되었다. 내가 말렸더니 그 분풀이를 나한테 하는 것을 양부모님들이 보시고 "아구 아까워라 어쩌다 저런 인간을 만났냐" 하시면서 "네가 아이들을 키우려면 당장 저 인간을 처리해라 애들한테도 절대 도움이 안 된다" "네가 제대로 세상을 살려면 저 인간을 정리해야 한다." 하셨다. 며칠 후 나주에 본부인이 왔는데 그때가 낮인데 남편이 술을 먹고 이상한 행동을 하는 것을 보고 "네가 우리를 보려면 저 인간을 처리하고 찾아오너라." 하시곤 가버렸다. 난 그 전부터 방학이 되면 늘 윤임이네 집에 아이들을 맡겼었다.

다른 곳에 아이를 맡기면 남편이 찾아가 행패를 부리니 같이 생활 할 수 없어 오리 농장으로 사료만 사서 보냈다. 남편은 내가 있는 곳은 어디든지 찾아와 행패를 부려 그 해 여름 방학 때 아이들은 사천 곤양에 두었다가 방학이 끝나고 광주 어느 여인숙 방을 하나 구해 아이들은 광주에서 한 3개월간 나주에 학교를 다녔다. 그해 겨울 방학 때 아이들을 데리고 부산에 전세방을 얻어 내려오게 되었다.

내가 사는 것이 이러니 소금 거래처도 끊기고 염업사 마다 수금할 돈이 몇 백씩 있었으나 도저히 사업 할 수가 없었다. 그때 내 나이 36세였다. 이런 일은 처음인데 누구의 도움도 없이 혼자서 어떻게 해야 할지 답답하였다. 남편은 내가 갑자기 숨어버리니 영암 삼호 양부모님을 찾아가 막무가내 나를 찾아내라며 행패를 부려 거기도 찾아갈 수가 없었다. 그런데 갑자기 아이 아비가 경찰에 잡혀가서 구속이 되었다는 소식을 듣고 면회를 가게 되었다. 우리 이웃에 사는 60대 할머니한테 내 말을 하고 돈을 빌렸다고 했고 그 할머니는 내가 갑자기 돈을 잘 버는 것을 질투를 하였고 그 때 당시 자기 아들이 부도가 났다는 소문을 들었는데 난 지금도 무엇 때문에 잡혀갔는지 알지 못한다. 그래도 아이 아비라고 광주에 사는 지인 언니에게 부탁하여 변호사를 선임하여 일 처리를 해 주었다.

큰아들 작은아들 초등학교 소풍가서

아이 아버지가 하던 오리 사업을 급하게 정리하려고 같이 일을 하는 영식이란 사람을 찾아가 광주 양동시장에 오리 팔 곳을 알아 왔으니 오리를 팔자고 했다. 돈으로 1,000만원 싯가가 나간다고 하면서 몇 월 몇 일에 광주 양동시장 상인과 오겠다고 하였다. 며칠 후 오리 농장엘 갔더니 영식이란 사람은 오리를 자기 마음대로 처분하고 도망을 가고 말았다.

난 순간 찾을 길이 없어 광주에서 3개월 머물며 수소문 끝에 영식이란 사람을 찾았는데, 남의 재산을 빼앗아 부인은 그 돈으로 제주를 다니면서 씨앗과 농약 장사를 하고 나주 읍에 가게를 차려 버젓하게 생활하고 있었다. 아이 아빠 선배라고 하는 영식이라는 사람은 한 달에 공무원 상급 월급에 해당하는 돈을 매달 줬는데 양계장 인부인 사람은 내가 찾아가 왜 남의 재산을 처분했냐고 따지면서 오리판 돈을 달라고 했더니 그 사람은 나주에서 깡패라고 소문난 사람이라고 들었다. 그는 이틀 후 광주에 내가 사는 곳을 알아내고 아이들이 다니는 학교까지 추적하여 나주에서 내가 사는 광주까지 찾아와 한 번만 돈 달라고 하면 애들까지 죽어버린다고 협박을 하고 갔다. 이제는 무서워 돈 받으러 갈 수도 없었다. 또한 주위 몇몇 사람들이 깡패 건들면 네 아이들이 위험하다면서 포기하라고 하라고 했다. 난 의지할 곳 하나 없는 처지라 다 포기를 하고 말았다.

광주에서 3개월 머물며 부산에 계약해 둔 집으로 이사를 하려고 나주에서 가게와 살림하던 집엘 갔더니 주인집에서 살림살이를 몇 개만 자기 집 창고에 넣어두고 가게세를 달라고 하였다. 네 남편이 오리 사료 산다면서 세를 빼 갔다는 것이었다.

이런저런 일로 정신이 없는 사이 교동에 우리 집은 내가 그때 돈 3백만을 누구의 소개로 복덕방에서 사채를 사용하였는데 남편 어머니가 복덕방 사람들과 그 집을 경매로 넘겨 돈을 변제해 주고 남은 잔액 일부를 받아 썼다고 하였다. 난 몇 달 사이 나도 모르는 사이 내 모든 재산을 몽땅 빼앗겨 버리고 말았다.

1982년 12월 부산에서 가게를 하려고 담뱃가게가 있는 슈퍼를 알아보았다. 전세보증금 300만 원, 월 20만 원과 물건 인수비 50만 원에 우선 계약금 100만 원을 지급했다. 이사할 때 나머지 200만 원을 지급하기로 하고 얻어 놓은 가게 안에 대충 가재도구만 챙겨 넣어 두고 나주에 가서 돈을 받아 보려고 무척 애를 쓰고 다녔다. 거래처가 울산, 통영, 부산에도 세 군데가 있었는데 그중 한 군데는 오래전에 받지 못한 물품대가 100만 원~200만 원 정도 있었지만 내가 갑자기 소금공급을 중단하다 보니 거래처들이 새 거래를 만들어야 한다며 그 돈은 줄 수가 없다는 등 하였다. 나는 몇 번씩 돈을 받기 위해 거래처들을 찾아갔지만 겨우 몇만 원 받아오는 것이 전부였다. 돈을 받기 위해 애를 썼지만 받을 길이 없어 할 수 없이 자포자기하고 말았다.

1983년 봄 애들 학교 전학도 시켜야 했다. 우리 진이는 동래여중 3학년에, 두 아들은 연산 초등학교 4학년 2학년으로 전학을 시켰다. 그래도 난 애들을 키워야 하니 무엇이든지 해야만 했다. 4톤 차를 가지고 기사를 두어 조금씩 생활을 하는 중 아이 아비가 일 년간 수감 후 출소를 하게 되었다. 그리고 나에게 하는 말이 이제는 술도 안 먹고 열심히 살겠다고 다짐을 하기에, 그래도 아이들 키우는 데 도움이 되겠구나. 싶어 술만 안 먹으면! 하는 기대로 또 열심히 살아야겠다고 난 다짐했다.

어느 날 나주에서 소금 사업을 할 때 데리고 있던 8톤 차 기사를 화물 주차장에 갔다가 우연히 만나게 되었다. 그는 우리 집에 와서 일을 봐 준다기에 또 같이 일을 하게 되었다. 또 최 씨란 분과 같이 산지에 직접 가서 채소, 과일 종류를 실어와 장사를 하게 되자 생활이 조금씩 자리는 잡아갔다. 나는 나주에서 기사 하던 사람과 최씨 아저씨와 같이 산지에서 작물이 심어진 밭을 사서 인부를 구하여 작업하고 도매상에 팔았다.

산지의 작물작업은 온종일 해야만 했다. 낮에는 인부들과 작물 작업을 하고 밤에는 기사가 운전하다가 졸면 교대로 내가 운전을 하였다. 최씨 아저씨는 운전도 배우고 작업장에 같이 일도 하게 되면서 나는 최씨 아저씨에게 노임을 좀 더 챙겨주었다. 하지만 아이 아빠라는 사람은 무엇이든 일을 찾아서 해야 하는데 일할 생각조차 하지 않았다. 하루는 일을 마치고 집에 도착했더니 우리 진이가 학교엘 안 가고 있어서 너 왜 학교 안 가느냐고 했더니 수업료 납부날짜가 너무 지나 회비를 안 낸다고 선생님께서 학교에 못 오게 했다는 것이었다. 그때는 3개월에 한 번씩 수업료를 줬는데 진이가 이런 말을 하기에 한 달 전 아침에 일찍 나가면서 진이 학교 수업료라고 그래도 같이 사는 아버지라 주었는데 알고 보니 돈을 아이 아비가 다 써버렸던 것이었다.

나는 깜짝 놀라 "어떻게 세상에 아이 회비를 쓰는 사람이 있나"라고 하였더니 아이 아비는 자기에게 아침부터 잔소리했다고 마침 다음 날이 내 생일이고 추석에 팔 작물을 그날 밤 산지에 전화하여 내일 작업을 해야 하니 인부를 구해야 한다고 연락을 해놓고 잠을 자는데 아이 아비는 밤이 깊은 11시쯤 들어왔다. 그는 또 술에 만취가 되어 생전 처음 케이크를 사 들고 들어왔다.

그는 술을 먹지 않으면 괜찮다가 술만 마시면 이성을 잃어버리기에, 내가 그 사람에게 "내일 아침에 산지로 고구마 작업 가는데 이렇게 술을 먹고 오냐, 평생 처음 이런 것은 왜 사오냐, 내일 아침 마음 좋게 산지 작업하러 가게 술 먹고 오지 말지." 했더니 사 온 케이크를 얼굴에다 던지면서 "이것이 너 사주 밥이다."라고 했다. 술이 깰 때까지 잘못했다고 빌어도 그는 계속 때렸다. 겨우 최씨 아저씨한테 연락하여 애들을 차에 태워 도망을 나와 여인숙에서 자고 병원을 갔더니 갈비뼈 두 대가 부러진데다 너무 많이 맞아 6주 진단이 나왔다. 지금도 그날 일을 생각하면 아찔하다.

며칠을 여인숙에 있으면서 애들 때문에 방을 하나 구해 일은 접어두고 생활을 하는데 일주일이 되어 가면서 다친 데가 조금씩 회복되어 갔다. 하루는 우리 진이가 "엄마 학교에 필요한 과제물이 있는데 같이 사러 가자"라고 하였다. 같이 진이와 나와 큰길로 접어들고 있는데 누가 뒤에서 갑자기 내 머리채를 잡고 패대기를 치며 두들겨 패는 것이었다. 남편이었다. 아직 몸도 회복이 안 된 터라 꼼짝없이 두들겨 맞고 있는 광경을 보고 행인들이 말렸는데 "이년이 여관에서 어떤 놈과 나오니 팬다"라고 했다. 말리던 사람들이 갑자기 멈추고 그냥 보고만 있어 진이가 집으로 뛰어가 바로 옆방 사는 형옥 어머니를 데리고 나왔다.

"사람들아 좀 말려 주세요. 술만 먹으면 이렇게 패서 며칠 전 우리 옆방에 살림도 없이 애들만 데리고 오게 됐어요. 지금도 얼마 전에 맞아 갈비뼈가 두 개나 부러져 몸도 성치 않은 사람이고 딸이 학교에 과제물 사러 가자고 하여 나가다가 잡혔나 봅니다. 사람들 좀 말려 주세요."

형옥이 엄마는 사람들을 향해 간절히 호소하였다. 우리 딸 진이도 "우리 엄마 구해 주세요. 엄마가 죽겠습니다."라고 했더니 구경꾼 중 한 사람이 "나쁜 자식이네, 남들이 보기에 자기 사람을 불순한 짓을 한 사람으로 알게 하고는 말리지도 못하게 해놓고 아주 사람을 죽일 작정이었네" 하면서 말렸더니 그 사람을 때려 같이 싸움이 났다. 난 주위 사람들이 부축하여 병원엘 갔고 나중에 안 일인데 경찰이 와서 같이 끌려갔다고 했다. 나를 위해 말리려다 봉변을 당한 그 행인을 생각하면 미안할 뿐이다. 이 사람은 술만 먹었다 하면 이성을 잃어버리고 만다. 아이들이 어릴 때부터 그랬다.

지금도 생생히 기억이 난다. 아마 그때가 나주에서 살 때였다.

우리 막둥이 세 살 때쯤 또 아이가 생겨 더는 아이를 낳을 수 없고 살아가는데도 힘들어 자기 고모 딸이 말을 해줘 광주에 있는 모 병원에 가서 유산과 제왕절개 수술을 하였다. 마취가 빨리 풀리지 않아 6시간 만에 깨어나 겨우 택시를 타고 집에 돌아와 작은 방에서 막둥이와 같이 잠을 자고 있는데, 또 술에 만취가 되어 누워있는 내 머리채를 잡고 어찌나 두들겨 팼는지 모른다. 어떻게 방문을 열고 도망가는데 아이가 울면서 따라오다가 연탄불 뚜껑에 앉아 버려 그 순간 난 아이 옷을 벗기는데 아이 살결이 옷에 붙어나오는 것을 아이 아빠는 아랑곳도 하지 않고 막무가내로 두들겨 패기만 하는 것이 아닌가.

나는 우리 아이를 안고 울면서 병원엘 가는데 이런 상황에서도 나를 따라오면서까지 이리 차고 저리 차고 한 사람이었다. 지낸 세월 어떻게 살았는지 그 아이 엉덩이가 다 클 때까지 다른 곳보다 연탄불 뚜껑에 앉아 데인 자국이 선명하게 나 있었다.

비, 바람 속에 파도를 타는 심정으로 어떻게 살아야 이 아이들이 고아가 안 될까 하는 생각뿐 다른 생각은 없었던 것 같다. 여기까지 오는 동안 행복이라든지 삶이 즐거웠던 날은 없었고 생각조차 할 수 없었다.

내 인생에는 비바람 속에서 파도만 타는 인생으로 이를 헤치고 나아가 또 살아남아야 했다. 그해 여름이 지나 나는 몸이 어느 정도 회복될 때쯤 최씨 아저씨가 대전 쪽 금산이란 곳에 동생이 산다고 하여 같이 가게 됐다. 거기는 경남보다 가을배추가 더 빨리 나와 그 금산에 가서 배추밭 5백여 평의 작물만 사서 부산 채소 도매상에 팔아 보니 이문이 조금 남았다. 같이 다니던 기사, 최씨 아저씨와 같이 이문을 나누고 다시 또 밭을 하나 사서 배추 작업을 하기 위해 대전요금소를 지나 금산으로 가고 있었다. 그때가 11월 초쯤 4톤 트럭을 가지고 다니다 장사 밑천이 부족하여 4톤 트럭은 6백 50만 원에 팔아 차주가 기장에 있는 사람한테 3톤 자가용을 3백 50만 원에 구입하여 이전해 가라고 하였다. 하지만 이번 배추 작업을 다녀와서 하겠다고 약속 후 3톤 차를 구한 지 10일 정도 되었을 때였다. 나는 운전면허 시험을 이론만 보고 실기가 남았는데 운전면허를 내려고 했지만 시간적인 여유가 없어 실기를 아직 보지 못하고 있었다.

평소에도 고속도로 위를 운전하다가 기사가 졸면 내가 교대를 한 번씩 해 줬기 때문에 내가 운전 교대를 하여 대전요금소로 들어가는데 검문을 한다며 면허증을 보자고 하였다. 주민등록증과 이론시험합격증을 보여주면서 며칠만 있으면 실기 시험을 본다고 한번 봐 달라고 했는데 검문관이 조회를 해보더니 "이 사람 기소 중지자다." 라고 말하며 경찰 불러 서로 넘기라고 하였다. "난 그런 일이 없어요" 라면서 말했지만 경찰차가 와서 내 손목에 수갑을 채워 대전에 있는 경찰서로 갔다가 바로 나주경찰서 유치장에 넣어버렸다. 나는 내가 왜 경찰에 잡혀가는지 이유도 모르고 잡혀갔다. 그때 난 세상이 끝난 것처럼 무서웠다. 하지만 딸아이는 고등학교 1학년 두 아이는 초등학교 5학년, 2학년이었다. 아이들을 생각하니 무섭고 더 두려웠다. 생각지 못한 일에 충격으로 아무 반응도 하지 못한 채 나주경찰서에 넘겨졌다.

기막힌 사정을 내가 나주 살 때 이웃에 사시던 나주경찰서 수사과장님이 유치장에 와서 나를 보고는 "불쌍한 사람아 그 남편이란 사람이 당신 인생을 이렇게 만들 줄 알았다. 똑똑하고 이쁜 사람이 맨날 남편이란 사람에게 매 맞고 살 때 우리가 진작 나주를 떠나라고 하지 않았나. 참 아까운 사람, 남편하고 안 살려고 도망 다니니 아마 줄로 묶어놨나 봅니다." "아무것도 아닌 사건인데"라며 혀를 껄껄 찼다. 그다음 날 광주교도소로 보냈고 난 그때 아이들만 두고 온 신세라 죽지도 살지도 못하는 신세로 아무것도 먹을 수도 없었다. 며칠 사이 50kg 가 넘던 몸이 40kg에 간당간당 해골이 되어갔고 3개월이 지난 후 나오게 되었다.

잊을 수 없는 여자 교도관으로 과장님이라고 불리던 그 사람이 "형제도 없나! 이런 일이 어떻게" 하시면서 "사건도 아닌 것을 밖에 나가면 꼭 형제가 있으면 변호사를 사서 밝혀야 해요! 간혹 기막힌 사건이 있거든요! 꼭 밝혀야 해요!" 라고 하셨다. 난 그곳에 있을 때도 착하다는 말을 들었다. 말없이 조용히 있었고 3개월이 지나 출소하였다.

출소하고 보니 내가 교도소 안에 있을 때 나와 아이들이 살고 있었던 방을 나의 여동생 복달이가 자기 마음대로 본인이 사는 부근에 약 1평 반 정도 되는 그런 곳에 아이들을 옮겨 놓고 나머지 전세보증금을 챙겨가 버렸다. 하지만 형제들은 내 사정을 알고 갑조가 십만 원 상조가 십만 원 기옥이가 삼십만 원 복달이 보고도 너도 좀 보태 가지고 아이들한테 도와주라고 했는데 아이들한테는 말도 없었다고 했다.

내가 장사할 밑천때문에 6백5십에 4톤 차를 팔아 3톤 차를 350만 원에 사서 이전을 앞두고 있을 때 그 일이 생겨 우리가 사는 집 옆에 대전서 최씨와 같이 운전하던 사람이 세워두고 차 키를 우리 진이한테 두고 갔었다. 며칠이 지나고 진이가 하는 말이 복달이 이모부가 차 키를 달라고 해서 줬더니 가져갔다고 하였다.

내가 돌아왔을 때 그 차를 어떻게 하였는지 달라고 하여도 복달이는 주지 않고 없애버렸다는 말만 되풀이 하였다. 하루하루 살기가 힘들어 차를 달라고 해도 복달이는 차를 버렸다고 하면서 폐차했다는 것이었다. 그 차를 팔아서 복달이는 실속을 차렸던 것이다. 나는 하나님을 어릴 때부터 믿어온 사람이지만 지금도 복달이라는 이름만 들어도 피멍이 생기며 도저히 용서할 수가 없다. 죽어서도 지옥을 간다 해도 복달이와 태순이는 용서할 수가 없다. 그때는 내가 왜 잡혀갔는지조차 몰랐지만 이후 내가 억울하게 잡혀갔다는 것을 알았다. 그런데 복달이는 주위 사람들한테 내가 사기를 치고 들어가 쉽게 못 나올 거라고 동네 소문을 내며 자기는 큰 보물이 생긴 것처럼 생각하며 아이들을 자기 집 가게 근처 방으로 옮기게 하였다.

나의 장남 진현이는 6학년으로 올라가야 하고 공부도 해야 했고 엄마가 없으니 누나와 같이 신문 배달하며 살아가는 아이에게 복달이가 자기 가게에 심부름을 시킬 일이 있으면 심부름을 시켜 늦게 오는 일이 있을 때면 진현이를 많이 두들겨 패고 했다는 이야기를 들었다.

어느 날 복달이가 안 입는 옷이라고 주기에 그 옷을 입었더니 진현이가 그것을 보고 있다가는 "엄마 그 옷 버리라, 복달이 이모가 그 옷 입고 내가 가게 심부름하고 좀 늦게 오면 나를 많이 팰 때 입던 옷이다." 라며 "그 옷 버리라" 라고 하였다. 나는 이 말을 듣는데 가슴이 너무나 아팠다.

7부 생활 전선에서

120 기나긴 터널을 지나면서
    큰소리로 외치고 싶다

난 세상을 살면서

 남보다 가족이라고 그래도 어머니의 한배를 타고 난 사람들이라 어릴 때부터 그 사람들을 위해 내가 못 먹고 공부도 못했지만 내가 못한 것을 형제한테라도 도움을 줘야 한다는 신념을 갖고 살았다. 공장에 다니면서 미혼모가 되어 혼자 애들 키울 때도 오직 어머니, 동생들 생각에 돈을 벌어 자기들 치다꺼리만 했는데, 내가 세상을 잘못 알고 살았구나! 싶었다. 하는 수 없이 그래도 복달이를 찾아갔다. 내가 너무 억울하게 잡혀가 몇 달을 고생하고 우리 애들까지 고생시킨 것을 생각하면 어떻하던지 나의 결백을 밝혀야만 했다. 그곳에서 나올 때 교도관 과장님이 형제가 있으면 변호사를 사서 이 사건을 고쳐야 한다고도 하였다.

 나는 복달이에게 20만원 만 빌려주면 변호사를 사서 억울함을 밝히고 싶다고 하였다. 그랬더니 "내가 무슨 돈이 있나 돈 없다 무슨 벼슬하고 왔다고 고마 그렇게 살아라." 라며 단숨에 말을 딱 잘라 더는 말도 못 붙이게 하였다. "석대에서 꽃 화분 하나 3백 원에 도매로 갔다가 5백 원에 팔 수 있다더라. 그러면 장사하게 밑천으로 오만 원만 좀 빌려주면 곧 갚아주마" 했더니 하는 말이 "서면 그런 곳에 가면 식당 아줌마 구한다고 식당 문에 붙여져 있다, 하루에 오천 원 준다더라. 열흘만 하면 오만 원 된다. 나 돈 없다 가라"고 하였다. 난 순간 서글픈 생각에 눈물이 쏟아졌다. 앞으로 살길이 정말 막막해 왔다. 너무 기가 막혀 난 집으로 돌아오고 말았다. 내가 없는 동안 아이들은 전세보증금도 없는 월세만 10만 원 주는 방 한 칸에서 살며 2달 치 월세가 밀려 있었다.

내가 소금장사 할 때 나에게 지급해 줄 돈이 있는 윤씨 아저씨가 쌀 한 말을 사다 주었고 아이들 학교 선생님이 연탄을 사다 주었으며 두 아이가 신문 배달을 해서 겨우 생계를 했는데 하루에 두 끼도 못 먹었다는 이야기를 했다. 복달이 이모는 쌀 한 되도 사주지 않았다고 아들이 말하면서 자기 가게에 배달이나 있으면 우리 장남 진현이를 불러서 시키고 늦게 가면 매질을 서슴지 않았다고 말했다. 이 고비를 꼭 넘겨야 한다고, 언젠간 내가 이 말을 할 때가 있겠지 생각하면서 이를 꽉 깨물었다.

난 그 교도소에 있을 때 갑조한테 두 번 세 번의 편지를 했더니 한번 와서 돈 2만 원을 넣어 주고 갔었고 나주에 살 때 알던 사람 두 분이 소문을 들었다고 면회를 와서 2만 원씩 넣어 주고 갔었다. 그 안에서 꼭 필요한 물품만 사고 남는 3만 원을 가지고 광주에서 차비로 쓰고 남은 돈을 가지고 집에 돌아왔다. 쌀이 하나도 없어 우선 그 돈으로 쌀 몇 되를 사놓고 당장 먹고살아야 하기에 돌솥밥집 식당에 출근하여 온종일 설거지하는 일을 하였다.

3일간 하고 나니 온몸이 쑤시고 아파 다음날 식당엘 나갈 수가 없었다. 몸이 아파 일을 나갈 수 없다는 전화를 하였다. 처음 식당 일을 하려고 찾아갔을 때 식당 주인과 약속하기를 15일 이상 나와야만 월급을 준다고 며칠 다니다가 그만두면 월급은 지급하지 않으며, 주민등록증을 보증으로 맡겨 놓고 다니라고 하여 그 식당에 두고 왔다. 며칠을 앓고 난 다음 이런저런 생각을 하던 중 몇 달 전 산지에서 고구마, 배추 같은 것을 사다가 자갈치 익보 상회에 도매로 넘기던 생각이 났다. 익보 상회를 찾아가 근간 있었던 사정을 이야기하고 "여기 취직 시켜주면 산지에 가서 내가 물건을 살 줄 아는데 같이 할 수 있냐"고 하니 "그렇게 하자" 하였다. 사장님 부인은 돈을 가지고 나를 따라만 다니고 그 상회에 물건을 넣어 수입금은 반으로 나누기로 약속을 하고 그 식당에 주민등록증을 찾으러 갔다.

그 식당 사장님이 설거지하는 일 안 시키고 홀만 보게 할테니 식당에 나와 달라고 정말 진실하게 자기 집 일처럼 하는 사람은 처음이라며 부탁을 했다. 몸이 조금 나으면 꼭 오라고 하였고 "겨우 3일 일했으므로 약속대로 월급은 안 받을 테니 주민등록증을 주세요." 했더니 하루에 5천 원 받기로 하였는데 2만 원을 주시며 몸 나으면 꼭 다시 우리 식당에 오라고 했다. 하지만 난 자갈치 채소 도매 상회에 나가기로 하고 다음 날 사장 부인과 같이 내가 자주 다녔던 전남 고흥에 갔다.

감자, 마늘, 채소 종류를 사서 도매로 갖다 팔던 곳을 찾아가 그때는 마늘이 시작되어 밭 한곳에 4톤 복사 차에 한 차 될 물건을 밭채 사서 인부를 구하고 작업을 하여 자갈치 채소상회로 그 사모와 왔다. 그 상회에 입고하고 2일 만에 그 마늘은 다 팔렸고 내가 돈을 못 대고 했기 때문에 얼마가 남았냐고 물을 수 없었다. 20만 원 남았는데 수수료를 제하고 팔만 오천 원씩 나누면 되겠다고 그 채소 사장님이 팔만 오천 원을 주기에 우리 아이들과 한 달을 걱정 없이 살겠구나, 하고 한숨 돌리고 있었다. 채소상회 사모가 다시 전화가 와서 의성마늘 사러 가자고 하여 의성을 지나고 버스를 타고 다녔는데 현지에 가면 모든 작업지시 및 작업은 내가 해야만 했다. 그 사모는 돈을 부담하는 이유로 일을 구경하는 구경꾼에 불과했으며, 내가 인부와 작업을 다 끝내고 나면 숙소에서 잠을 자고 비로소 그때야 같이 물건 실은 차를 타고 왔다. 또한, 안동에서 마늘밭을 450만 원에 하자고 밭 주인과 흥정할 때 밭 주인은 5백을 꼭 받아야 한다고 하였다.

"이 밭에서 마늘이 오백 접이 나와야만 인건비, 운송비 전부 공제하고 내가 여기 와서 2일을 노력한 대가가 나오지요." 하면서 450만 원에 하자고 했더니 그 밭 주인이 내가 교회 권사이고 하나님 뜻에 남한테 피해는 안 줄 테니 작업을 하여 4백5십 접 미만이 나오면 다시 오십만 원을 내어 주겠다 하여 사장 사모를 불러 오백만 원을 계산하였다.

다음 날 작업을 하는데 인부 30명을 구하여 난 세 사람 몫을 하면서 작업이 3시쯤 끝나고 4톤 차에 마늘을 실으면서 세어 보니 4백30 접이 나왔다. 밭 주인이 하는 말씀이 같이 동업한다고 해놓고 자기는 돈만 주고 한 번도 얼굴 한번 비춰 보지 않는 사모라면서 "돈이 조금 생기면 혼자 하세요. 오늘은 아무 말 말고 가시고 내가 다음에 오시면 오십만 원을 줄 테니 내 말만 믿고 가세요." 하였다. 작업을 마친 후 차에 상차 까지 다 하고 난 다음 숙소에 갔더니 사모가 보이지 않았다. 사모는 안동 시내 구경 갔다가 우리가 물건 실은 차에서 기다릴 때 나타났다.

그해 마늘값이 참 비싼 해여서 한 접에 12,000원까지 갔는데 우리가 가져온 마늘은 대자가 380접, 8천 원짜리 약 60접으로 계산해보니 대략 100만 원은 되었다. 3일인가 지나고 대자는 다 팔렸고 8천 원짜리만 한 40접 남아 있어 돈을 좀 달라고 했더니 이번에는 남는 것이 없다고 하면서 사모가 저기 남아 있는 것 가져가 팔아 쓰라고 하는 것이었다. 할 수 없어 윤씨 아저씨한테 가서 말을 했더니 "내 차로 실어다 줄 테니 빨리 가서 한 접이라도 덜 팔았을 때 가져옵시다." 하였다.

윤씨 아저씨 말대로 같이 찾아가 얼른 그 마늘을 실어와 7천 원에 팔았다. 전부 팔고 계산을 해보니 30만 원이 조금 못 되었다. 그 채소상회와는 인연을 끊고 사람은 내가 알고 깊이 가면 누구나 나를 배신하는구나 하는 슬픈 생각이 나를 감싸고 돌아 다시는 그 채소상회를 찾지 않았다.

나는 이후 정신을 단단히 차려 혼자서 안동에 그 마늘밭 주인을 찾아갔더니 약속대로 50만을 내어주셨다. 그때부터 혼자 전북 군산이란 곳에 가 캐놓은 마늘을 2백 접 사서 부산 부전시장 권씨 상회로 찾아갔다. 전에 차를 가지고 장사할 때 부전시장 권씨 상회, 자갈치 익보 상회에도 갔던 덕분에 군산에서 산 마늘을 가지고 여러 차례 그곳을 단골로 하고 계속 부전시장에만 갔다. 전북 군산에서 물건을 싣고 부산으로 오는 도중 김제 금구란 곳을 지나다 보니 고구마밭이 많이 보였는데 지나면서 다음에는 저곳에 가봐야겠다는 생각을 했다.

그때가 5월 중순이 되었고 혼자서 장사를 하였는데 한 달도 못 가 돈이 500만 원이 넘었으며, 이렇게 다시 일어서게 되었다. 나는 우선 월 5만 원을 주고 살던 단칸방에서 부산 연산로터리 부근에 큰 방과 마루가 있는 몸채에 마당도 있는 집으로 이사를 하였다. 그런데 산 넘어 산이라고 했던가, 여자 혼자 일을 하다 보니 나에게 도움을 준 사람들도 많았으나 기회만 되면 남의 돈을 가로채 갈 궁리만 하는 분류의 인간들도 세상에는 곳곳에 도사리고 있었다. 난 또 위험한 고비를 넘어야 했다.

  혼자 김제에 가서 고구마밭을 200만 원에 사고 5월 말경부터 고구마 수확 작업을 하기 시작했다. 서울에 가락동 시장에도 고구마를 싣고 다녔고 두 달간 돈을 한 천만 정도 벌 수 있었다. 가을이 시작되던 때 전남 해남 고구마가 많이 나는 산인이란 마을 이장을 찾아가 고구마밭을 한 800만 원 정도에 살 수 있었다.
  서울에 가락시장 일성상회를 단골 상회로 하면서 작업한 고구마를 8톤 차로 한 차 실으면 고구마 가격이 500만 원 이상 갔다. 몇 번을 다니던 중 하루는 작업이 끝나고 8톤 차에 고구마를 상차 한 후 해남읍에 나와 차 기사들과 식당에서 밥을 먹게 됐다. 차 운행요금 13만 원과 담배 두 갑을 사서 주고 밥값도 내가 주었다. 서울을 가는 도중 기사가 중반쯤 갔을 때 내게 돈 있는 대로 자기들한테 달라는 것이었다. 나는 "아까 식당에서 13만 원과 차비, 담배, 식비까지 줬는데 무슨 돈을 달라고 하나" 라고 내가 화를 조금 내면서 대체 무슨 말이냐고 했다.
  차에는 기사와 조수가 동행했는데 인적이 드문 곳에 차를 세우며 조수보고 하는 말이 "이년 밖으로 던져 버려라" 라는 것이었다 순간 놀라고 무서운 나머지 "아이고 잘못했습니다. 살려만 주세요! 난 혼자서 아이 셋을 키우는 사람입니다." 하며 살려만 달라고 사정하고 빌고 죽은 듯이 있는데 "가락시장에 가서 고구마 팔면 절반을 달라" 하기에 "그리하마" 하고 나는 얼른 대답했다.

잘못하다가 큰일이 생겨 우리 아이들에게 피해가 가면, 그렇게 되면 또 나는 어떻게 하지 하는 생각밖에 나지 않았다. 나는 마음 졸이면서 서울 가락시장 입구에 도착한 후 기사들에게 일성상회로 오라고 한 다음 성급하게 내렸다. 일성상회에 가서 차가 입구에 오고 있다고 직원에게 말했더니 사장님께서 들어오라고 하였다. 상회 안으로 들어가 사장님께 오면서 있었던 일을 말씀드리고 싣고 온 차량번호를 말하니, 직원을 보내어 알아보았다.

그 차는 동서상회란 곳에 가서 그 고구마를 다 팔아버리고 차는 나가고 없고 530여만 원을 받아갔다고 했다. 일성상회 사장님은 가락시장 부근 파출소에 이를 신고하고 나와 함께 차를 찾으러 다녔다. 가락시장 뒤편에 차가 주차되어있는 것을 발견하였다.

나와 일성상회 사장님, 경찰관이 한참 숨어서 지켜보고 있는데 기사들이 나타나 차에 올라타려고 할 때 경찰관이 이들을 잡아 동서상회로 갔다. 그들은 차에서 나를 죽이려 할 때 써준 각서를 가지고 일부 돈을 받아갔다고 했다. 그때는 고구마 한 차가 들어오면 오백에 수수료만 50만 원을 받았고, 특히 산지가 해남인 고구마는 맛이 좋아 서로 가져가려고 했다. 차가 시장에 도착하면 내리는 순간 도매상 업자들은 몇 박스 씩 가져가기 때문에 20분도 안 되어 고구마는 다 하차가 되어버렸다.

그 기사들은 경찰서로 잡혀갔는데 며칠이 지난 후에 경찰서에서 연락이 와 합의를 해 달라고 했으나, 난 그 사람들 얼굴을 볼 수가 없어 합의서만 보내 주었다. 나중에 들었던 말인데 합의를 하여도 차를 타고 오는 도중 나를 죽이려고 위협을 하며 고구마 판 금액의 절반을 달라는 각서를 받고 동서상회에 그 각서로 일부 돈을 챙겨가 죄질이 나빠 징역을 살았다는 소문을 들었다. 그 일로 너무 놀란 나머지 일은 더 할 수가 없었다. 곧바로 부산 집에 왔다가 지금 같이 사는 남편을 만나게 되었는데, 그해 해남에서 하던 고구마 장사는 정리하고 집에 와 있을 때가 추석이 될 무렵이었다. 나는 다시 먹고 살 일을 걱정하지 않을 수 없어 내가 어릴 때 살던 곤양 바로 1km 남짓한 거리에 가산이란 곳으로 가게 됐다.

가산에 사시는 한주영이란 분을 만나 내가 누구라고 했더니 너를 잘 안다고 하시면서 따지고 보면 내가 너희 집과 친척이 된다면서 "내가 돈으로는 못 도와줘도 고구마밭을 사고 하는데 도움을 주마"라고 하셨다. 가산이란 곳에서 고구마밭 250만원 어치를 사고 추석이 되어 작업하게 한 다음 밭 여러 곳 물건을 사놓고 사천에 나왔다. 몇 년 전 이웃에 살던 친구를 만났고 그 친구가 내가 고구마를 사서 장사하는데 이를 가산에서 한다고 했더니 그곳이 우리 친정 동네라는 것이었다.

나는 친구에게 "부산에 온 지 4년이나 됐어. 이곳에 밭 계약을 250만 원에 하고 한 3일 있다가 다시 고구마 작업을 하러 갈 것이다"라고 말했다. 욕심으로 밭을 많이 사게 됐고 부산에 가서 작업비와 처음 작업할 밭 잔금을 구해 3일 후에 와서 작업할 것이라고 덧붙였다. 친구는 밭 처음 하는 인건비와 잔금이 얼마냐고 물었다. 작업비는 그다음 작업할 때 주면 된다고 하였더니 부산 가지 말고 우리 친정에서 자고 곧 추석인데 작업을 하루라도 빨리하는 것이 좋지 않겠냐고 했다.

잔금이 얼마냐고 친구는 재차 물어왔다. 하루 인건비는 첫 밭 작업하면 다 풀린다 했더니 내가 그 돈 빌려주마. 얼마냐고 하여 잔금이 40만 원이라고 했더니 "내일 12시까지 40만 원을 가지고 갈 테니 오늘 저녁에 인부를 구하고 작업을 해라. 우리 친정에서도 자고 그렇게 하라고 했어." 라는 것이었다. 그 말만 믿고 나는 그날 밤 인부를 구하고 작업을 하기로 하고 그 친구 어머니도 작업하는 인부 중 한 사람이었다.

  친구 어머니가 우리 딸이 작업할 밭 주인 보고 내일 12시 차로 사천에서 잔금 40만 원을 가지고 온다고 해뒀으니 내일 아침부터 고구마 작업을 하자고 하였다. 인부 20명을 구해 작업이 시작되어 인부가 12시까지 하게 되었다.

  그날 12시 차로 잔금을 가지고 온다고 자기 어머니한테까지 말했는데 친구는 아직 오지 않고 있었다. 오전 작업이 조금 늦어지는 바람에 12시 20분에 마치고 점심을 먹으려고 난 한주영 할아버지 집으로 갔다. 점심을 먹고 친구 친정집엘 갔더니 친구 어머니는 딸이 12시 40분 차를 타고 사천으로 가버렸다고 하면서 나를 이상하게 쳐다보는 게 아닌가.

  "네가 사기를 치고 징역을 살고 나왔다면서 우리 딸이 12시 차로 잔금을 가지고 오는 도중 그 차에 네 언니하고 사는 사람이 너한테 돈 주면 못 받을 것이라고, 형제들한테도 다 사기를 치고 안 준다고, 절대 그 돈 주면 못 받는다고 했다고 절대 거래하면 안 된다고 했다는구나" 라고 청천벽력같은 말을 내게 전했다.

  그 친구가 착한데 사기꾼이 되었다고 자기 어머니한테 내 친구는 그렇게 말하고 12시 40분 차로 사천을 가버렸다는 것이었다. 갑자기 일하던 인부와 고구마밭을 판 사람은 잔금 받기 전엔 작

7부 생활 전선에서 129

업 못 하겠다고 하여 난 순간 기가 막혔고 또 다시 같은 피를 나눈 형제들에게 당하고 말았다. 그때 일을 생각하면 지금도 가슴이 떨린다.

훗날(2002년)에서야 알게 된 사실이지만 앞에서도 말했듯 광주교도소에서 출소 했을 때 나한테 주라고 기옥이가 30만 원, 갑조가 10만 원, 상조가 10만 원을 합한 50만 원 준 것을 복달이가 자기 돈 10만 원을 보태어 나에게 주겠다고 해놓고 본인이 전부 써버렸다. 그뿐만 아니라 복달이는 350만 원 하는 내차도 맘대로 가져다 팔고 그것이 들통날까 싶어 형제들과 주위 사람들 아무도 접근하지 못하도록 나를 사기꾼이라는 소문을 내고 다녔다.

나는 상상할 수 없는 허위사실을 유포하고 다니는 것도 몰랐고 누군가의 도움도 받기 전에 내 자존심이 허락지 않아 아무도 찾아가지 않았다.

외삼촌이 경상남도청 정보과장으로 계시다 창원에 도청을 짓는 바람에 창원으로 이사를 하여 누구에게도 하지 못했던 말을 삼촌한테는 항상 무슨 일이 있으면 찾아가 사정 이야기를 하였다. 2년 전 다리를 다쳐 창원에 삼촌을 찾아갔었다. 어머니가 와 계셨고 삼촌은 나를 반겨 맞아 주셨다.

외숙모가 부엌에 계신 틈을 빌어 나는 "삼촌 제가 다리를 다쳐 당장 일을 할 수가 없게 됐어요. 제가 일을 쉬면 애들하고 살아가기가 힘들어요." 내 말을 듣고 삼촌은 "오늘은 돈이 없고 모레 오너라. 내가 100만 원 주마. 너 다리가 다 나으려면 한 3개월이면 낫겠지. 그동안 생활비로 내가 100만 원 주마. 모레 다시 오너라." 라고 하셨다. 고마운 삼촌 마음에 울컥 눈물이 쏟아졌다. 발길을 돌려 막 가려고 하는데 삼촌이 나를 다시 부르며 외숙모 몰래 작은 방으로 들어오라고 하셨다. 네가 다리가 불편해서 또 올 수 있겠냐고 하며 내가 내일 쓸 돈이 100만 원 있다고 하셨다.

어머니가 같이 있는데 100만 원을 선뜻 내주시며 조심해서 살라고 하였다. 난 클 때도 커서도 삼촌이 군대 갔을 때도 외할머니 외할아버지를 도와드렸다. 할머니는 우리 형제 중 유독 나만 생각한 것을 삼촌도 알고 계셨고 항상 자상하게 나를 챙겨주셨다. 그래서였는지 나는 어려움이 있을 때마다 삼촌한테만 찾아갔다. 우리 형제 중에선 그 누구도 나의 어려움을 알아주려고 한 사람은 삼촌 밖에 없었다.

복달이는 그 당시 2년 전 삼촌이 나에게 100만 원을 그냥 준 것을 어머니에게 듣고 삼촌이 외숙모 몰래 100만 원 줬다고 말을 한 모양이었다. 그 말을 내가 광주에 무슨 일인지도 모르게 기소중지란 오명을 쓰고 약 3개월 만에 풀려난 것을 앞에도 말했듯이 변호사를 사서 그 억울함을 풀라고 교도관 과장이 말했다.

나는 광주에서 나와 변호사 사서 그 억울함을 풀려고 했는데 복달이 하는 말이 "그냥 그렇게 살아라."라며 "삼촌한테도 찾아가지 말고 삼촌이 네가 죽었으면 좋겠다 하더라."라고 했다.

난 삼촌이 정말 그런 말을 한 것으로 알고 5~6년이 지나 100만 원을 가지고 삼촌 집을 찾아갔는데 삼촌이 하시는 말씀이 "어째서 몇 년이 넘도록 한 번도 안 왔니"라고 하시면서 "네가 몸이 많이 안 좋다더라. 너에 관한 소문은 내가 다 듣고 있었다, 그 돈을 너한테 그냥 줬지 받으려고 준 것이 아니다." 하며 삼촌은 방으로 들어가시더니 만 원짜리 돈을 손에 한 움큼 쥐고 나와 나를 주시며 "이 돈 갖고 가서 약을 해 먹어라!" 라고 하셨다. 나는 "복달이가 저 다리 다쳤을 때 삼촌이 100만 원 줬다는 것을 어머니한테 들었다고 외숙모한테 이르면서 절 사기꾼이라고 했대요." 라고 하면서 말을 이었다.

"전 아직 우리 형제들한테 내 것을 주기만 했지 받은 적이 없으며, 또 마음이 약해 남한테 사기를 몇 번 당했지만 우리형제들 어느 누구에게도 도움을 받은 것은 없어요. 20대 초반 무렵 큰오빠가 처음으로 서대문에 있는 집을 약 20만원에 구입하는데 저가 3년 동안 계를 부어 탄 돈 3만원을 가져가 내가 시집갈 때 준다던 돈을 아직도 못 받았습니다. 우리 형제들은 내가 번 돈 안 쓴 사람이 없습니다." 하면서 가져간 100만원을 외숙모 앞 탁자에 두고 왔다. 난 이런 일이 있기 전까지는 동생 복달과 언니 태순이는 생각이 많이 부족한 사람이기에 많이 이해하고 배려하면서 살았다. 그런데 복달이와 태순이는 인간의 탈을 쓰고 내가 죽어서도 용서를 할 수 없는 인간이란 것을 알게 되었다.

나는 사천 가산에 밭 잔금을 못 치른 채 추석이 지나고 있었다. 남은 잔금과 인부 노임을 구하여 추석 후 한 열흘이 지나고 작업을 했는데 상품이 될 만한 고구마는 나오지 않고 너무 많이 커버려 절간(썰어 말리는 고구마 종류) 고구마만 나왔다. 혹시나 하고 계속 작업을 해도 인부 노임도 못 주게 되어 작업을 포기 하려고 했는데 태순의 동거남이 캐서 묻어 두었다.

겨울에 팔면 큰 고구마도 팔릴 수 있다고 나를 꾀어내는 것이었다. 난 그때도 나를 이용하는지 생각을 못 했고 작업을 계속해 절간고구마는 경운기로 태순이 남자가 상품 하도록 하고 남은 것은 그래도 형제라고 경운기로 실어 가게 두었다. 그해 나는 고구마 밭을 사서 큰 손해를 봐 순간 몇 달 만에 거지가 되어버렸다.

잊지 못할 1986년 우리 진이가 대학시험을 보았고 그해 등록금이 200만 원이 넘게 필요했다. 단돈 10원이 아쉽고 생활이 힘들었다. 태순이에게 연락이 와 묻어 놓은 고구마를 가져가 팔라고 해 포기하겠다고 했더니 작업비는 걱정하지 말고 가지고 가서 팔라고 자꾸 부추겼다. 난 또 속아 작업을 하러 가게 되었다.

4톤 차로 한 차를 싣고 거래하던 부전시장의 권씨 상회에 물건을 하차했는데 태순이 남자가 같이 왔었다. 부전시장 부근 여관을 정하여 태순이 남자는 투숙하고 내일 고구마 팔리면 앞에 남은 인건비 하고 13,000원을 줄 테니 주무시고 쉬라고 했다.

그는 여관비가 없다고 하기에 고구마 작업하면서 나는 겨우 13만 원을 받아 인부들 간식값이며 여러 가지 작업한 물건을 싣고 온 4톤 차 운임 8만 원에 차비까지 주고 나는 한 푼도 없었다. 하지만 그는 계속 내게 여관비를 내라기에 내가 끼고 있던 반지를 빼주면서 내일 아침에 고구마 팔면 드릴 테니 반지라도 우선 맡아 가지고 있으라고 했다.

다음 날 아침에 아이들 아침을 먹이고 학교를 보낸 후 부전 시장 권씨 상회에 갔더니 "어제같이 온 사람이 형부라고 했지요?" "예" 아침에 고구마 판 돈을 자기를 달라고 해서 받고 나서 하는 말이 내가 자기 집 돈을 많이 가져가 그 돈 받으려고 왔다고 하면서 나하고 거래하지 말라고, 사기꾼인데 징역 살고 나왔고 형제한테 돈 다 갖다 쓰고 안 주는 사람이라고 앞으로 거래하지 말라고 하면서 갔다는 것이었다. 우리 진이가 대학을 가야 하는 생각이 먼저 떠올랐다. 당장 큰일이었다. 나는 하늘이 노랗고 기가 막혀 그만 주저앉고 싶었다. 몇 달 만에 완전 거지가 된 셈이었다.
 여관에 내가 끼고 갔던 반지를 여관비와 밥값으로 2만 원에 맡겨놓고 왔는데 그 반지도 당분간 못 찾아왔다. 복달이가 본인이 지은 죄는 고사하고 사방에 다니면서 나한테 누구도 접근하지 못하게 하더니 태순이 남자는 한술 더 떠 몇 달 만에 나를 거지를 만든 격이었다. 할 수 없이 지금 집에서 방세를 빼 작은 방으로 이사하고 다시 시골로 갔다. 무엇이든 장사를 하며 살았다.

8부 내 아들 진현이

136 기나긴 터널을 지나면서
    큰소리로 외치고 싶다

1987년 우리 진이는 대학생이 되었고

    지금 같이 사는 남편과 열심히 장사하고 돈을 모아 방이 두 개인 마루와 마당이 있는 독채에 가서 살게 되었다. 차도 사고 그때부터는 생활이 조금씩 나아졌다. 그래도 열심히 살아야 세 아이를 키울 터이니 전남 고흥을 다니면서 고구마밭도 사고 임대도 하였다. 그곳에 고구마를 심고 마늘과 여러 가지 채소도 길러 도매 장사를 했다.

    조금씩 생활이 나아져 영업용 8톤 차도 사고 그 차로 운송도 하면서 우리가 농사지은 물건도 실어다 팔 수 있었다. 시골 고흥에 묵혀 논밭들이 많이 있어 다시 개간하여 고구마를 심고 주위에 다른 작물도 사서 팔고 한참 사업이라기보다 영역이 조금씩 나아갈 때였다. 큰아들 진현이가 중학교 3학년 올라가고 겨울 방학이 되었을 때 친구들과 여행을 떠나겠다고 하였다.

    여행을 다녀온 후로 애가 이상하게 변하면서 생각지 못했던 행동으로 나를 놀라게 하였다. 친구들과 밤낮없이 어울려 다니더니 하루는 고등학교도 안 간다는 것이었다. 어울리는 친구들도 중학교만 다니고 고등학교는 진학하지 않는다면서 그 애들과 같이 학교 진학을 포기하겠다는 것이었다.

    지금껏 중학교 다니면서 1등을 놓치지 않던 아이가 갑자기 변해 그 애들과 같이 2학년 후배들을 폭행해 잡혀가는 일도 벌어졌다. 그때부터 진현이는 계속 애를 먹이고 겨우 달래서 고등학교에 나와 같이 가서 입학할 수 있었는데 다니는 동안 내 마음을 졸이게 하였다. 학교에서 하는 행사에 따라가 같이 참여도 하면서 학교에 마음 붙이도록 하였는데 결국 준현이는 학교를 그만두고 나를 너무 살기 힘들게 했다. 스무 살 정도 되는 선배라고 하는 청년을 잊을 수가 없다. 상민이라고 불리었는데 우리 진현이 인생 진로를 망쳐버린 그 청년은 우리 아이를 시켜 돈이 되는 물건은 가져오게 하는 등 별의별 일로 돈을 뜯어 가곤 하였다. 그 후부터 진현이는 내 속을 끓이고 약 20년 넘게 애를 태웠다.

1994년 부산에서 처음으로 아파트를 샀다. 우리 진이 방도 하나 주고 진현이 방도 하나 내주면서 큰 방 하나 작은 방 두 개 거실도 조금 있는 보금자리를 마련하게 되었다. 난 채소장사를 그만두고 화물 운송하는 업체 소개로 운송을 연결하는 사무실을 1991년부터 93년까지 했다. 지금 같이 사는 남편이 차 한 대를 가지고 운전했고 나는 운송 사무실을 운영하면서 또 차도 하나를 더 살 수 있었다. 난 열심히 살았다.

이제는 조금씩 생활이 나아졌지만 큰 애 진현이는 끝도 없이 사고를 쳤고 숨 쉴 새 없이 남편이 운전사고를 내더니 두 대 중의 한 대는 어느 기사가 들어와 운임을 속여 두 달 만에 그만두게 하였다. 기사를 새로 바꾼 지 7일 만에 크게 사고를 내어 순간 우리 차 두 대가 날아가 버렸다.

그때 난 친목 같은 계를 하였는데, 사람들이 내가 신용이 있다고 계주를 시켜 1990년부터 계속 계주를 하고 있었다. 계군 중에 계를 타면 돈이 필요한 사람한테 빌려주면 나보고 보증도 세우고 그러다 다방 하는 사람한테 1992년에 1,300만 원 보증을 서게 되었다. 그 다방주인이 다방을 팔면 갚아준다고 차일피일 미루다가 7백만 원짜리로 그 다방 계약서를 써주고 도망을 가버리는 바람에 그 다방을 한 4년을 운영하게 되었다.

  나중에 알고 보니 다른 사람한테도 같은 수법으로 일수 하는 사람한테도 나한테 했던 것처럼 같은 계약서를 써줘 몇 년 동안 운영하면서 똑같이 달 세를 내는 일이 벌어졌다. 법을 모르니 당하게 되었다. 1992년 가을에 또 한 사람은 나이트를 하는 계군이었는데 코너가 10개가 되고 면적이 한 60평 정도 되는 나이트를 그 계군이 우리 계군 중 한 사람한테 돈을 3천만 원을 빌려 쓰면서 내가 보증을 서게 되는 바람에 책임이 있었다.

  3천만 원 쓴 사람도 그 가게를 팔아서 갚겠다고 하여 난 얼른 그 가게를 팔 때까지 내가 운영하겠다고 했다. 손님도 많이 떨어져 있는데 그때 난 운송업 사무실 운영하는 터라 여유가 좀 있어 이를 회복시키는데 보태기도 하였다.

  1994년에는 여자 혼자서 애 셋을 누구의 도움 없이 잘 키우고 열심히 살았다고 장한 어머니상도 받았다. 당시 외삼촌한테 몇 년 전에 외숙모 몰래 주신 백만 원을 복달이가 말을 만들어 외숙모한테 이른 것과 그리고 형제들한테는 내가 외삼촌한테 돈을 빌려 쓰고 안 준다고 거짓말을 만들어 나보고 사기꾼이라는 식의 말을 퍼트려 고향 사람들은 어느 정도 소문을 믿고 있었다. 그래도 유년 기간을 보낸 고향이므로 사천 곤양 홍사에 사는 사람들을 만나면 안부를 여쭈었다.

  기자는 형제한테도 사기 치고 사기로 징역도 살았고 자식도 몇

배를 낳았고 상종하지 말라고 했다는 말을 내게 전하곤 하였다. 우리 형제는 날 사람으로 안 본다는 것이었다. 어떻게 복달이는 허위 소문을 내고 본인이 나한테 지은 죄를 도로 나한테 씌우고 고향 사람들에게 감쪽같이 속였는지 사람의 탈을 쓰고 과연 그럴 수 있는 걸까? 고향에 갔을 때 사람들은 나를 보고 힐끔거리며 지나가면 회피했다.

그때는 전혀 왜 그런지 알 길이 없었다. 팔팔고속 관광회사 사장 사모와 1988년부터 애들 결혼하면 태워 주는 혼인 계를 들어 1994년까지 했는데 한번은 팔팔관광 사모가 고향 갔다 오면서 태순이가 하는 말이 나에 대한 이상한 소문을 복달이가 내고 다닌다는 소리 또 들었다.

"너는 내가 볼 때는 참 심성이 착하고 열심히 사는데 복달이 때문에 너 신세 망친 것을 동네 사람 아는 사람은 다 알더라. 무기 어머니한테 들었는데 네 둘째 아들 아비는 네 어머니가 돈 몇 푼 받고 널 결혼 날을 만들어 보냈다고 너보고 불쌍하다고 하더라. 참 팔자는 못 속인다더니, 그런데 네 형제는 없던 일도 만들어 너를 힘들게 하는지 모르겠구나." 라고 하셨다.

그 계를 같이 할 때 알던 언니도 "나는 너하고 몇 년을 같이 지내도 참 착하고 영리한데 네 형제는 이해가 안 간다." 라고 하던 말이 생각난다. 언니는 "복달이라는 네 동생이 너의 인생을 완전히 상상할 수 없을 정도로 망친 것을 저도 제 자식 키우면서 알고 있을 거야. 어쩌면 그렇게 못되게 인생을 살까? 내가 너를 안 지 몇십 년이지만 내가 알기로 너는 착하고 바르게 사는데 네 형제는 하나같이 내가 봤을 때 불량품이나 다름없다. 참으로 네가 아깝구나. 공부를 좀 했더라면, 부모의 뒷받침이 있었으면 정말 훌륭한 사람이 되었을 텐데 너한테 약점이라고 한다면 남도 바로 가는 사람을 좋아하고 삐뚤게 가는 사람은 바로 가라고 훈계하지만 따지고 보면 참 좋은 사람인데 삐뚤게 사는 사람은 너를 싫어하지. 너는 보기 드문 사람이야. 그래서 난 너를 참 좋아한다."라고 하시면서 나를 인정해 주셨다.

언니 이름은 숙희였다. 언니는 또 자기 외갓집이 곤양이라고 하면서 우리 집이 몇 년간 명주 짜는 일을 할 때 아버지란 사람이 명주를 짜준다고 사람들에게 누에고치를 받아서 전부 팔아 화투를 쳤다는 말과 빚만 많이 남기고 쓰러지고 아버지 돌아가신 다음엔 그 명주를 사람들은 못 돌려받았다는 얘기를 외할머니한테 들었다고 하였다.

같이 계를 한 팔팔관광 사장 사모님한테도 들어 사실 네가 동생들 키우는 데 많은 도움이 되었다고 팔팔관광 사모님에게도 들었다면서 "외할머니가 누에고치 갖다 주고 명주를 찾으러 갔으나 밥도 제대로 못 먹고 18세 먹은 언니와 네 어머니는 생각 없이 사는 사람이라 13, 14세 된 딸아이가 그 집 생사를 책임지고 산다는 얘기를 들려주었어. 그 어린 소녀가 바로 너였구나."

외할머니는 아무리 다녀도 그 명주는 받을 길 없고 동네 사람들이 하는 말을 들었다면서 내게 전했다. 오빠 둘은 도망가고 열서너 살 먹은 딸이 밥을 얻어 동생과 부족한 어머니와 18세인 언니를 먹여 살린다고 하고 나무도 하고 품삯 일도 다닌다고 하시면서 외할머니는 명주 받을 일을 포기한다면서 그 아이가 불쌍하다고 하셨다고 했다. 언니가 하는 말이 팔팔관광 사모님도 우리 외할머니와 같은 말을 했다. "내가 너를 1988년에 만났으니 삼십 년이 훨씬 넘었구나. 지금 생각하면 이 세상에서 너처럼 사는 인생은 내 주위에는 너 말고는 없다. 장하다 그 어려움 속에서 자식들을 훌륭하게 키우고 명문대를 보내고 교직에 둘이나 종사하게 만들어 너의 희생은 보람되고 값진 것이야. 손자도 잘 키우고 너는 열심히 살아 결실을 이제야 보는구나.

 그 힘든 나날 속에서 너는 또 꿈을 잃지 않고 판소리 공부를 하여 현재는 정말 훌륭한 사람이 되었구나. 난 너를 존경한다. 그 많은 시련 속에서 네 인생을 꽃피웠다. 장하다 훌륭해." 그 숙이 언니가 이렇게 칭찬해 주었는데, 그래도 내가 살아온 인생을 이 언니가 제일 많이 알고 있었다.

 난 그렇게 사는 동안 1994년 여름에 암이란 선고를 받고 너무도 순간에 충격을 받아 우울증이 왔다. 생각하면 상상할 수 없는 일들로 꿈을 꾸는 건지 현실인지... 우리 진이가 24세가 되고 대학을 졸업하여 중학교 영어 선생으로 국립 중학교 교사가 되었다. 생활이 나주에서 올 때보다는 좀 나아져 경제적 여유가 있었지만 큰아들과 같이 살고 있었다. 아들과 같이 살게 되리라곤 생각지도 못했다. 돈이 조금 여유가 있으면 우리 집에서 독립시키려고 수 없이 생각했지만 쉴 새 없이 우리 큰아들이 사고를 치는 바람에 그때는 항상 돈이 필요했다. 정신을 차릴 겨를도 없이 남편과 큰아들은 사고만 내니 잠도 제대로 못 자고 눈만 뜨면 어디서 돈을 만들어 사고 정리를 할까, 온통 그 생각뿐이었다.

 나주에서 살 때 매를 너무 많이 맞고 살아서 그런지 몸은 항상 아프고 간혹 쓰러지고 교통사고가 난 지 1년이 지났으나 후유증

큰 딸 대학졸업식장에서 막내아들 왼쪽

으로 몸은 계속 아팠다. 어느 날 갑자기 몸이 너무 아파 집에서 가까운 부산의료원에 갔더니 입원을 해야 하고 검사를 하여 수술을 해야 한다는 것이었다. 나한테는 말을 해주지 않고 보호자를 데리고 오라고 하여 지금 같이 사는 남편을 불렀다.

조직검사를 하고 여러 가지 검사를 하는 모양이었다. 마취에서 밤에 깨어나 보니 누구도 없고 화장실을 가야 하는데 걸을 수도 없어 한 병실에 입원 환자 남편이 나를 부축하여 화장실을 갈 수 있었다. 날이 밝아 병원엔 아이들도 남편도 보이지 않았다. 우리 진이도 아직 엄마가 병원에 있는 사실을 아는지 모르는지 알 길이 없었다. 큰아들은 사고치고 다니느라 돈 가지러나 집에 오지만 엄마가 병원에 있다는 생각조차 할 여유가 없었다.

다음 날 남편의 셋째 동생과 같이 사는 동서랄까 하는 여자가 병원에 와서 하는 말이 "어젯밤에 아주버님이 여자와 같이 도망갔어요. 형님 어떻게 하면 좋아요. 애들이 형님 병원에 있는 것

아세요? 내가 우선 돌봐 드릴게요."라고 했다. 너무 기가 막혀 난 아무런 말도 하지 않은 채 어이없는 웃음만 지었다. 그날 병원에 담당 과장님이 몸이 너무 쇠약해서 당장 수술을 할 수 없었고 한 15일간 몸을 잘 보살펴가며 수술을 해야 한다고 했다.

집에 가서 푹 쉬면서 영양가 있는 음식을 잘 챙겨 먹어야 한다고 말해주었다. 임시 퇴원을 하고 집으로 왔고 딸아이한테 "엄마가 수술해야 한단다. 집에서 쉬어야 하고 음식을 잘 챙겨 먹으라고 한다."라고 말했다. 딸 진이는 큰 충격을 받았고 딸은 제 엄마 말 이해하지 않았고 난 왜 이렇게 살아야 하냐면서 심하게 엄마한테 화를 냈다.

그 당시 같은 계원 중 한 사람이 다방을 운영하였는데 곗돈을 타서 도망치는 바람에 그 다방을 인수해 다른 사람에게 세를 주었고, 또 나이트 운영하는 사람은 나이트를 팔아 돈을 준다고 하여 곗돈과 돈을 빌려 가 놓고 돈을 주지 않아 가게가 팔릴 때까지 내가 운영을 했다. 다행히 그 나이트가 팔려 돈을 정리하여 받아 양정동 소재에 나이트를 직접 운영하게 되었다.

그러다가 내가 병이 나는 바람에 병원에 입원하게 되었고 다방과 나이트를 운영할 수 없게 되었다. 다방 입구에 내가 병원에 입원해야 하니 전전세를 놓을 거라는 문구를 써 부쳤더니 하루가 지나고 내 사정을 아는 사기꾼들이 계획적으로 나에게 접근하였던 것을 나중에야 알게 되었다. 보증금 100만 원에 월세 70만 원씩만 달라고 했더니 돈이 없다고 달 세로 70만 원을 잘 낼 테니까 전세보증금 50만 원에, 달 세 70만 원 전전세를 달라고 하였다. 나는 급하다 보니 할 수 없어 나이트는 음악을 책임졌던 아저씨와 겨우 20세 되는 우리 큰아들한테 맡기고 병원에 입원할 수 있었다. 입원을 하여 한 20일간 있는 동안 큰아들은 사고를 쳐 잡혀가고 20일 만에 집에 오니 집에는 온갖 물건에 빨간 딱지가 붙여져 있는 게 아닌가. 엄마가 돈 받기 위해 다방과 나이트를 운영하는 것을 불만과 원망뿐이었던 우리 딸 진이는 엄마가 암이란 병에 걸려 누워있어도 그때는 제 엄마를 이해하지 못하다 보니 딸도 내겐 도움이 되지 못했다.

한 달도 안 된 사이에 이처럼 많은 일이 일어났다. 식구처럼 생각한 나의 동업자는 내 허락도 없이 우리 집을 담보로 돈을 빌려 여자와 도망치고 나중에 코너 주들에게 들은 이야기인데, 나이트 5번 코너 주 여자와 나의 동업자는 내연관계였다는 것이었다. 그런데 다른 여자와 도망간 것을 이에 앙심을 품은 코너 주 5번은 마치 나에게 빚이 있는 것처럼 꾸며 내가 병원에 있는 사이 이를 이용하여 내용증명을 집으로 보냈다.

우리 딸 진이가 이를 받아 놓고 아무것도 모르다 보니 엄마가 아파 병원에 있으니 나를 생각하여 이를 말하지 않고 있었다. 이에 꼼짝없이 당하여 유체동산이 그만 경매에 넘어가 버렸다. 나는 이런 것도 모르고 코너 주 5번 친정아버지가 눈 봉사이고 남편이 택시 운전을 하면서 장님인 장인과 함께 산다고 많은 생각을 해주었는데 내가 아는 손님이 오면 5번 코너에 보낸다고 코너 주들이 질투도 얼마나 했는지 모른다. 하루에 코너 사용료가 15,000원인데 그것도 나는 감해주면서 베풀었는데 이렇게 뒤통수를 맞고 말았다. 내가 병원에서 퇴원 이틀 후 집안 살림을 170만 원에 경매하여 코너 주 5번 여자가 가져가 버렸다. 내가 병원에 입원하고 있는 동안 수많은 일이 일어나 큰아들은 잡혀가 합의를 보아야 했고 퇴원한 다음 만기라는 남자가 찾아와 나의 동업자가 내 집을 담보로 돈을 빌려 간 돈을 갚으라 하여 난 그 돈은 모른다고 했더니 내가 그놈 있는 곳을 알고 있으니 같이 가 달라고 하였다.

그는 차를 가지고 와서 병원에서 퇴원한 지 이틀 된 나를 재촉해가며 밤에 가야 한다고 하여 그 밤에 목포까지 가게 되었다. 한사코 내가 빌린 돈이 아니라고 해명을 하고 나를 집에 태워 왔지만 수술한 배는 실밥을 겨우 빼고 나왔는데 움직이면서 벌어져 다시 상처가 생겼고 치료를 했지만 잘못 나아서 크게 흉이 생겼다. 여러 일들을 혼자 감당하기 힘들어 그랬는지 순간 아무 생각이 없고 약 20여 일간 잠도 못잔 채 제대로 먹지도 못했다.

전전세를 준 다방은 그 사기꾼들이 다방을 이용하여 일수와 사채를 빚내 딱 3개월을 운영하고 달세도 한 푼 안 내 문을 닫게 되어버렸다. 큰아들은 당장 급전이란 돈을 구하여 합의를 봐야 했다. 지금도 생각하면 너무도 무서운 꿈을 꾼 것만 같고 내게 심한 우울증이 왔다. 아이들은 나를 이해하지 못했고 큰아들은 누나에게 엄마가 말도 안 하고 먹지도 않으니 정신병원에 모셔야 하지 않느냐고 했다. 그 말을 듣는 순간 내가 조금이라도 생각을 고쳐먹으려고 애를 썼다. 군에 간 막둥이를 생각하더라도 난 마음을 다잡아야 했다.

병원에 가서 치료를 받고 조금씩 나아질 때 내가 다닌 병원에서 수술한 사람의 32세 된 딸이 시어머니가 스트레스를 많이 줘 우울증이 재발해서 다시 병원에 입원했다는 말을 듣고 번쩍 정신을 차리게 되었다. 잊지 않고 우울증약을 챙겨 먹으면서 일했다. 그때도 걱정되는 것이 내가 만일 이대로 죽으면 이 아이들은 천하 고아가 된다는 생각에 나이트를 팔려고 여러 부동산에 내놓은 상태였고, 다방은 그 사기꾼들이 문을 닫고 그만두었는데 어느 날 자기도 전 다방주인한테 700만 원을 빌려준 차용증이 있다 하면서 전전세를 준 사람과 짜고 다방 문을 못 열게 하여 고발을 하였더니, 건물주인에게 이 돈을 달라고 고발이 들어왔다.

이 사람과 전전세를 준 사람은 내가 정신없는 틈을 타 서로 손잡고 나한테 50만 원 보증금 걸고 3개월간 집세 달 세가 매달 70만 원인데 한 번도 내지 않았다. 그해 일수 장사도 약 3년이나 지난 후 말도 안 되는 사실을 만들어 나를 힘들게 하여 나를 고소해 기소중지란 것이 되었으며, 다방을 이중으로 전 전세한 사기꾼들은 도망가서 당분간 찾을 수가 없었다. 그 다방은 돈 한 푼도 못 받고 날려버리고 내가 힘들어할 때 주위에서 나를 잘 아는 사람이 내 처지를 생각하여 동부지원 근처의 있는 최0식이란 변호사를 250만 원에 소개를 받아 일수 장사를 고발하게 되었다.

재판하는 과정에서 우리 쪽 변호사와 일수 장사 변호사와 같이 한통속이 되었다고 변호비를 해주신 분이 재판에 와서 보시더니 다방을 포기해라 하시면서 변호사도 믿을 수 없다고 하셨다. 그분은 대학을 나오신 분으로 여자 혼자서 그 아이 셋을 누구의 도움도 없이 훌륭하게 길러내어 장한 어머니상까지 받고 정말 보기 드문 사람이라면서 내가 가게 할 때 어려움이 있으면 도와주셨다. 심지어 우리 구의 국회의원도 같이 가서 만나게 해주면서 이렇게 열심히 사는 사람이라고 칭찬도 해주시고 나한테는 무척 고마우신 분이었다. 너무너무 힘들 때 용기와 힘을 주신 분 고마

우선 그분을 잊을 수가 없다. 내가 몸을 좀 추슬러 조금씩 회복이 될 때 나와 같은 병에 걸렸는데 시어머니한테 스트레스를 받아 재발하여 초등학교 아들을 두고 사망하였다고 소식을 듣게 되었다. 겁이 덜컥 나 나도 이렇게 살다 죽을 수도 있겠구나 하는 생각에 우리 진이를 빨리 결혼시켜야겠다는 생각이 들었다.

급히 사람을 주선하여 결혼을 시키려고 했더니 좋은 곳에서 중매가 들어오고 우리 사정을 잘 아는 우리 집과 가까운 곳 소형 병원 원장님이 하루는 나를 불러 딸을 달라고 했다. 자기 아들이 하나뿐인데 지금은 의사 될 인턴 교육을 받고 있다고 우리 딸보다 3살 위라면서 딸을 달라고 하였다.

엄마가 저렇게 열심히 살았고 딸도 알아보니 반듯하게 잘 자랐더라고 했지만 난 팔자가 좋지 않은 사람이라 나 같은 사람이 무슨 병원장과 사돈을 할 수 있냐고 하면서 거절을 하였더니 두 달인가 후에 또다시 불러 "나하고 사돈 합시다. 우리 아들도 댁의 따님을 보았나 봅니다." 라고 말했다.

우리 진이에게 그 이야기를 전했더니 당황해하며 선뜻 결혼을 안 하겠다고 했다. 또 나를 잘 아는 사람이 초량에 있는 주유소 사장 아들이라고 중매하여 성사시키려 했지만 진이가 마음을 열지 않았다. 난 내가 죽고 없으면 우리 딸이 어떻게 될까 조바심과 걱정에 하루는 진이를 불러 "엄마가 암이 재발해 죽게 된다면 너 혼자서 동생들을 네가 어떻게 하겠니? 그래도 너라도 시집을 가야 내가 편하겠다." 했더니 현재 사위를 말하며 군대 제대하여 아직 직장은 알아보는 중이라면서 지금까지 대학교에 들어가서부터 알고 있는 사람이라고 결혼까지 생각한다고 했다. 하지만 지금은 아니다 하기에 너희들이 다음에 돈 벌어 잘 살면 되지 엄마는 너라도 시집을 보내야겠다고 내가 우겨 1995년 추석 지나고부터 시작하여 별 준비도 없이 1996년 1월에 결혼을 시켰다.

  우리 진이는 그렇게 결혼을 하게 됐으나 큰아들은 끝없는 방황 속에 숨 쉴 틈도 없이 사고만 쳤고 검정고시로 대학을 보내려고 했으나 검정고시 학원생과 중3 때 진로를 망치게 했던 친구와 계속 다니면서 집에는 돈 가지러 올 때만 오고 사고 칠 때만 들어왔다. 방황은 끝없이 계속되었고 자기 누나 결혼하는데도 안 나타나고 정말 힘든 세상 무서운 악몽의 연속이었다.
  지금 같이 사는 남편은 바람을 다 피우고 나한테 왔는데 나한테 가져간 돈 갚으라고 했더니 차를 살 때 보증을 서주면 돈을 갚는다고 하여 정말 같이 살기가 힘들었다. 그때 우리 큰 손자가 태어났다. 난 우울증에 시달려 계속 병원에 다녔고 그래도 여러 가지 부업이랄까 청국장, 김치 등을 만들어 팔기도 하며 일을 손에서 놓지 않았다.
  살고 있던 아파트는 2년 만에 큰아들이 사고를 내어 합의할 때 등기를 잡히고 사채를 7백 정도 썼는데 정신없다 보니 두 달 이자를 못 주었더니 경매로 넘어가게 되어 7천 정도 들여 샀던 아파트를 3천 2백만 원 정도만 손에 쥐고 날리게 되었다. 지금 현재 사는 집은 3천 7백만 원에 샀는데 1995년 가을에 계약하여 1996년 잔금을 다 치르고 수리를 해야 했는데 집을 반년이 넘게 비워주지 않아 애타게 기다리다 1996년 가을에야 집을 비워줘 두 달간 수리 후 이사를 할 수 있었다.
  우리 막둥이가 제대하고 왔을 때 지금 남편이 차를 가지고 다니다 어느 날 차를 두고 또 다른 여자와 도망갔는데, 군에서 운전을 배운 막내가 그 차를 운영하고 있었다. 몇 달이 지난 후 파출소에서 연락이 와서 갔더니 남편과 같이 도망간 여자가 유부녀로 아이가 셋이 나 있는 여자였으며, 그 여자의 남편이 내 남편을 간통으로 넣어버린다고 하여 순간 나도 간통으로 그 여자를 고발하겠다며 맞서다가 결국은 구슬려 보냈다.

  나는 남편이 또 잡혀가면 안 된다는 생각에 1998년 그 일이 있었던 다음날 구청에서 혼인신고를 하게 되었다. 남편은 차 사고에 폭행에 툭 하면 교도소를 드나들었던 터라 또 간통으로 간다고 하니 나도 참 팔자가 나쁜 사람이지만 생각 없이 사는 사람이라 순간 내가 항상 돌봐주지 않으면 혼자서 평생 교도소에서 살겠구나 하는 생각이 들었다. 이 사람과 혼인신고까지는 하지 않고 살다가 가는 대로 가라고 했으나 그 순간을 피할 생각에 구청에 둘이 가서 혼인신고를 하게 되었다.

9부 판소리 공부

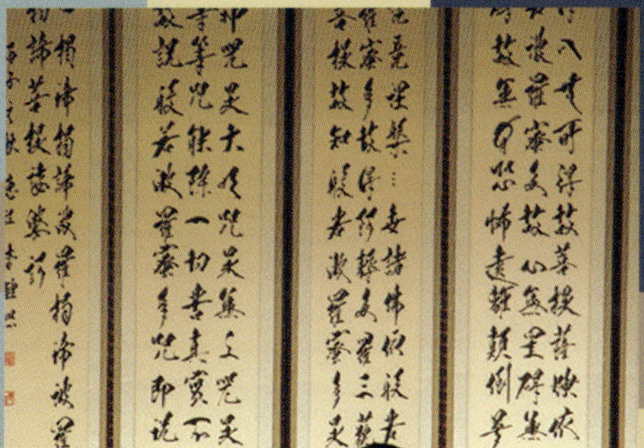

152 기나긴 터널을 지나면서
    큰소리로 외치고 싶다

모든 것을 다 내려놓고

　운명이 아니면 이렇게까지 연결될 수는 없구나 하여 모든 것을 다 내려놓고 난 우울증을 고친다고 국악 장구를 배우러 다니다 판소리 공부를 하게 되었다. 막둥이는 1년 동안 차 운영하는 데 도움을 주고 대학에 시험을 보기 위해 1년 입시학원엘 다녔다. 후에 대학을 들어가 4년 졸업을 했으며, 아르바이트로 대학원까지 졸업했으나 하루도 편한 날이 없이 부업으로 청국장과 청국장 가루를 만들어서 25톤 차 하나로 우리 막둥이 학비며 내 판소리 학원비를 충당했다.

　난 우리 손자들을 보아가면서 판소리 공부를 했다. 그러던 어느 날 남편이란 사람은 몇 달 동안 소식이 없더니 또 어떤 여자와 살림을 차려 살다가 같이 그 여자와 차를 타고 다니다 크게 사고 났다며 나한테 연락이 왔다. 충청도 어떤 병원으로 찾아가 보니 그 여자는 크게 다쳤고 그 여자 동생이 치료비와 합의금을 요구해왔다. 그 사람은 나와 혼인 관계인데 나도 모르게 3개월간 여자와 같이 살면서 다니다 사고를 낸 것인데 나도 가만두지 않겠다고 하였더니 내 부동산을 남편 명의로 해 두었었는데 치료비에 대하여 그쪽에서 부동산에 압류했었으나 이의를 하여 기각되면서 일 단락 되었다.

　악몽의 꿈속에서 살아온 세상이었다. 그래도 차를 가지고 운영을 계속 하였고 여러 가지 부업도 하면서 그래도 먹고사는 데는 그럭저럭 살아졌다. 1998년 즈음 내 바로 밑에 동생인 기옥이가 나한테 찾아와 "언니야 내가 캐나다에 이민 갔는데 큰 오빠 때문에 돈을 다 날리고 집도 하나 살 돈이 없다 좀 도와다오. 큰오빠는 싸웠고 작은 오빠도 한 푼도 못 도와준다고 하니 언니가 좀 도와다오." 라고 말했다.

기옥이는 갑조, 상조가 100만 원씩 도와주고 복달이가 70만 원 태순이가 40만 원 도와줬다고 하면서 내게 사정하였다. 나도 차 사업도 하고 부업하여 형편이 조금 나아졌을 때였다. 집이 3백 평인데 2천 남짓하면 살 수 있다며 간곡히 부탁하길래 200만 원을 기옥이 통장으로 보내 주었다. 집을 사서 잘살고 있다는 소식을 들었고 한동안 매년 겨울이면 한국으로 나왔었다.

내가 판소리를 하다 보니 1998년부터는 통도사 문화관 판소리부 회장을 맡게 되고 처음에는 우울증을 고치려고 차영수 선생님께 장구와 민요, 판소리를 사사 받게 되었다. 선생님 하시는 말씀

차영수 판소리 스승

이 "내가 제자를 개인으로 천 육백 명을 넘게 지도를 했지만 이렇게 머리가 천재인 사람을 본 일이 없다, 이 길을 택하라"라고 하시면서 가정에 여유만 있으면 꼭 성공할 사람이라는 칭찬을 거듭해 주셨다. 십 년 정도 공부하면 다른 사람 20년간 한 것보다 실력이 좋을 거라고 하셨다.

 선생님은 통도사 문화관에 민요와 판소리 지도자로 활동하셨는데 나도 그곳을 가자고 하여 일주일에 한 번 1시간씩 통도사 문화관에 나가게 되었다. 다니기 시작한 지 5개월 만에 판소리 회장을 5년 동안 했던 사람을 교체하였고 추진력도 있고 일 년 정도 되었을 때는 기존 회원들보다 더 많이 알게 되어 선생님이 못 오신 날은 내가 그 회원들을 지도하고 관리까지 했다. 몇몇 여성 회원들은 질투하여 나에게 심한 행동을 하는 바람에 어려움이 많았다. 그래도 난 차영수 선생님께 인정을 받고 또 나를 좋아하는 사람들도 많이 있어 힘을 낼 수 있었다.

 나는 2년 동안 판소리 회장을 맡게 되었는데 통도사 부전동 절에서 판소리 회장 임명장을 받았다. 그 단체에 장이 되어 활동할 때 심술 굳은 여자들의 질투 등 압력에 더 버틸 수 없어 매년 12월에 회장직 교체가 되는데 더 견딜 수 없어 9월쯤 사직을 하게 되었다. 문화관 관장은 큰 스님이 임명장을 주셨는데 마음대로 사직하면 안 된다고 임기를 채우라고 야단하셨지만 난 그때 그만두고 나왔다.

 차영수 선생님께서 하시는 말씀이 "내가 젊은 시절 같이 활동할 때 김연수란 친구가 있었는데 그 친구 제자가 요새 한참 뜬다나. 거기를 찾아가 판소리 공부를 해봐라. 그 사람이 전주에 있다. 부산에는 아직은 판소리를 잘하는 사람이 없다. 오정숙이란

판소리명인 오정숙선생과

사람을 찾아가 내 이름을 말하면 받아 줄 테다" 라고 하셨다.

1998년 수소문 끝에 나는 전북 익산이란 곳을 찾아가 오정숙 선생님을 만났더니 "내가 시간이 없고 나한테 부산에서 배우러 다니는 사람이 있다. 거기 가면 아직은 신인이지만 배워도 될 것이다" 하여 오 선생님 말씀을 믿고 찾아간 곳이 김정애란 사람이었다. 그분은 제자들을 제법 양성하고 있었다.

그곳에도 나보다는 여러 해를 더 공부 한 사람들이 많았고, 난 가사만 잘 외우는 편이어서 아직은 판소리를 하려면 시간이 좀 걸려야 했는데 열성적으로 열심히 공부하였다. 차영수 선생님은 꼭 성공하라고 하시면서 나는 기초만 하는 사람보다 실력을 만들어야 하고 선생님께서는 건강이 다되어 나를 경연대회에 내어 보낼 형편이 못되니 그쪽에 줄이 있는 사람을 만나야 한다.

너는 꼭 성공할 것이라고 말씀하셨다. 꼭 노력하여 가정환경만 따라 주면 아직도 안 늦다 하셨고 우리 집과 한 100여 미터 거리라서 난 무슨 일이 있으면 선생님을 찾아가곤 했다. 자신의 큰딸과 같은 나이라고 하시면서 돌봐주려고 애를 쓰셨지만 건강이 점점 나빠져 난 김정애란 사람한테 공부하게 되었다. 하지만 선생이라기보다 돈에만 관심이 많은 사람이었다. 그때는 그래도 여유가 있는 사람만 그 공부를 할 때여서 나 같은 사람은 마음만 있지 공부할 경제적 여유가 없었고 한 달에 30만 원 하는 수업료가 큰 부담이었다. 게다가 수업은 주 2회에 20분~30분 정도만 들을 수 있었다.

김정애란 사람은 부산 국악협회에 지부장 직책을 가지고 일 년에 두 번 공연했는데 때로는 내 돈 내고 공연 준비하느라고 약 4년을 하였지만 별로 배운 것도 없이 몇 달씩 시간을 허비했다. 2002년 부산시민회관에서 나는 첫 경연대회에 나가게 되어 한 달 수강료 30만 원에 대회 나가는 공부비가 따로 50만 원 추가되어 한 달에 80만 원씩 들어가야 했다.

선생님은 본인이 길러낸 제자들과 공연 준비하느라 3개월은 거기 몰두했는데 대회에 나갈 때 나에게 따로 2백만 원을 달라고 했으며, 1년간 대회 나간다고 낸 돈이 천만 원이나 되었다. 그 당시 대회를 부산에서 개최했는데 선생님은 자기가 지부장이니 심사위원들을 마음대로 지목해서 대회가 아니고 출연하는 사람은 자기가 시키는 대로 누구누구는 어떻게 등수를 주라고 사전 물밑작업을 해둔 상태였다.

민요부, 기악부, 판소리부, 무용부 부문별로 출연한 사람은 지부장 지시대로 등수가 매겨졌는데 다른 곳은 몰라도 우리 판소리부는 자기 제자 대학생 1명, 나, 남자 1명 세 명이 출연해서 3명이면 1, 2, 3 등을 줘야 형평성이 맞다. 그런데 어디 기악부에서 끌어다 1등을 주고 2등은 자기 제자 대학생 주고 내가 3등을 받게 해서 남자분은 등외로 특별상만 딸랑 상금도 없이 주어 화가 나 공부도 그만두는 사례도 발생했다. 나는 상금 60만 원 받았는데 끝나고 6시가 넘어 집에 왔더니 다음날 전화가 와서 어젯밤에 왜 그냥 갔냐고 다른 사람한테 선생이 화가 나서 나를 오라고 한다는 얘기였다. 알고 보니 그 내가 받은 상금을 달라고 하는 것이었다. 상금을 가져다줘야 할 것 아니냐는 것이었다.

난 그 상금을 가지고 선생 집으로 가 돈을 내놓으면서 너무 피로해서 집으로 바로 갔다고 했더니 그런 대회를 나가고 싶다고 나가는 줄 아느냐면서 선생은 그 상금을 얼른 챙겨 넣어버렸다. 이후 나는 며칠간 국악학원을 가지 않고 있자 공부하러 오라고 여러 번 연락이 와서 또 나가게 되었다. 그런데 대회가 5개월 정도 남았을 때 두 번째 대회를 또 나가라고 적극적으로 권유하는 것이었다. 난 공부를 좀 더 해서 나가겠다고 했더니 올해는 특강비 3백만 원만 가져오라고 하여 또 힘들게 돈을 만들어 선생한테 주었다. 올해는 실력도 더 늘었고 작년에 그랬으니 잘하겠지라는 생각에 열심히 준비하였다.

대회 2일 전, 대회 나갈 사람 한 사람이 선생과 식사 하자고 하여 그날 그 김정애 선생에게 10만 원을 따로 드리고 밥을 같이 먹고 나왔다. 그런데 그 회원이 하는 말이 올해 나가지 말고 내년에 나가자면서 이번엔 쉬자고 하는 것이었다. 그런다고 돈 삼백을 내 줄 사람도 아니라 별다른 대꾸를 하지 않았다.

이틀 후에 대회에 출전 하였더니 내 한참 후배인 사람과 등외상인 특별상을 주기에 말없이 받고 왔다. 김정애는 선생이라기보다 돈만 챙기는 사람으로 내 인생에서 다시는 만나고 싶지 않은 사람이라 인연을 끊었고 나중에 안 일인데 김정애는 장려상 하나도 받은 일이 없고 단 지부장이라는 명분 하나뿐이었다. 나는 국악의 길을 잘 모르고 열심히 노력하면 되는 줄 알았고, 그때부터는 오직 실력으로 승부를 걸겠다는 신념에 열심히 하였다.

혼자서 공부하여 2004년 가을 진주에서 열리는 전국 국악 경연대회에 나가게 되었다. 내가 부산 대회를 나갈 때마다 김정애 지부장과 함께 공연과 행사를 늘 준비했던 창원에 사는 고수(창에 맞춰 북을 쳐주며, 추임새를 넣어 주는 사람) 강○○ 이란 사람을 대회 한 달 전에 찾아갔다. 내 제자 2명이 학생부에 출전할 예정이었던 터라 고수비 한 사람당 30만 원씩 총 90만 원 중 계약금 50만 원 주고 40만 원은 출전하는 날 주기로 하고 돌아왔다.

대회 날이 되어 내가 공부시킨 제자 2명과 출전하여 학생부는 10시부터 시작이 되는데 9시 40분이 되어도 고수 강○○ 나타나지 않았다. 할 수 없이 우리 제자가 출전할 시간이 되어 내가 우리 제자들의 북을 쳐서 장단을 맞춰 무사히 마칠 수 있었다.

오후에 난 고수 할 사람이 없어 옆 사람한테 부탁했으나 동초제는 못 한다고 하여, 또 다른 분께 내가 북에 맞춰서 소리를 할 터이니 같이 연습 두 번만 해보자고 하여 두 번 연습하고 참가하게 되었다. 그날 대회에 심사위원장인 성준숙 선생님이 대회장으로 경력이 판소리 5바탕 하신 분이라고 소개가 되었다.

출전이 끝나고 내 제자 두 명이 학생 20명 중 공동수상을 나도 출전자 16명 중 장려상을 받으면서 대회는 무사히 끝났다. 그런데, 누군가 전화가 와서 앞에 식당에 가면 오늘 심사위원장님이 계실 텐데 한번 만나보라고 하여 찾아갔다. 심사위원장인 성준숙 선생님께서 하시는 말씀이 이쪽에는 동초제를 하는 사람이 없는

판소리 대회에서 수상장면 2001년

데 잘하지는 못하지만 내가 손을 대면 잘할 수 있다고 하셨다. 그렇게 전화번호 하나 없이 헤어지고 수소문 끝에 선생님을 찾아가게 되었다.

그때 인연으로 그 선생님은 나의 영원한 스승님이 되셨다. 그리고, 김정애란 사람은 대회를 나갈 때마다 나에게 심술을 부렸고 나중에 민소완, 성준숙 선생님이 나의 선생인 줄 알고는 나를 덜 괴롭혔다.

김정애란 사람과 여러 가지로 힘들 때 나는 지리산 동당리에 국악연수원 한다고 사놓은 땅 때문에 얼마나 가슴에 멍이 들었는지 지금 생각해도 머리가 아프다. 김정애 선생에게 공부할 때 지리산 부근에 국악연수원 할 땅을 사서 같이 해보자 하여 땅을 알아보러 다니던 어느 날이었다.

엄마 생일이 되어 동생 갑조 집에 갔더니 지리산 부근에 자기 땅이 있으니 그 땅을 사라고 알려주는 것이었다. 김정애에게 우선 계약금 1,000만 원을 받아 갑조에게 지급하고 난 후 김정애 선생이 현지에 가서 알아본 결과 현시세보다 구입 한 금액이 너무 많이 책정되었다며 나와 동생이 자기에게 사기를 쳤다는 것이다. 당장 돈을 돌려주지 않으면 사기로 고발한다고 하여 급하게 돈을 변통하여 돌려주고 잔금 1,400만 원 중 상조를 통하여

1,000만 원 대출을 내 산청군 동당리 48-1번지 이 땅을 내가 구입하게 되었다. 그리고 상조가 통장을 만들어 주면서 3년 동안 매월 조금씩 갚으라고 하였고, 그때는 막내아들이 대학을 다니는 때라 힘이 들 때여서 상조한테 그 돈을 갚을 때 이자와 같이 1,300만 원 넘게 갚다가 너무 힘이 들어 300만 원이 남아있었다.

그 후 이 땅에 대를 심어놓고 있었는데 동네 어떤 사람이 측량해야 하니 대를 베어달라고 해서 대값으로 500만 원을 치러야 했다. 내가 부산에서 살고 여러 가지로 사정이 여의치 못해 약 4년간 다투다가 산청군 지적계에 찾아가 사정을 하여도 대를 베지 않으면 측량을 할 수 없다는 것이었다.

하는 수 없이 대값 200만 원에 대 베는 인건비 150만 원을 주고 나서야 그 땅을 산 지 8년이 지나 대를 베고 측량을 하게 되었다. 그런데, 알고 보니 이 땅은 동당리 처음에 김상조가 지목한 48-1번지 땅이 아니고 길을 물고 있는 대밭이라고 지목을 했는데 이것도 거짓말이었다. 2000년도에 이 땅이 대밭을 물고 있는데 길을 공사 한다고 하여 이 동네 이장한테 할당비 50만 원을 내라고 하여 그 돈도 지급해주었는데, 측량을 해보니 상조가 이야기하여 구입 한 동당리 48-1번지 땅은 대밭에서 100미터 떨어진 곳에 누군가 녹차와 감나무를 심은 지 약 10년 넘은 땅이었다.

기가 막혀 상조한테 사정이 이렇게 생겼으니 이전을 해 달라고 했더니 300만 원을 갚아야 이전을 해주겠다고 했다. 막내아들과 같이 가서 이 땅이 팔리면 300만 원을 줄 테니 막내아들 앞으로 이전해 달라고 하여 이전을 하였는데 녹차와 감나무를 심어놓고 자기 땅이라고 우기는 것이었다. 약 3년간 재판해서 그 땅을 찾긴 했지만 꼬불꼬불 100미터 길이의 집 한 채도 지을 수 없는

우리어머니75세쯤 모습

600평의 땅으로 길도 없이 남의 땅 가운데 있어 아무것도 할 수 없는 불모지에 불과했다.

어느 날 갑조는 앞에서 말했듯이 2006년 가을에 갑자기 어머니가 돌아가신다고 연락이 와서 어머니가 사천군 곤양면 홍사리에 계신다고 하여 나는 막내아들과 가게 됐다. 어머니는 내가 샀던 땅 곤양에 계셨다.

상조 내외와 복달이, 태순이가 와 있으면서 하는 말이 어머니가 치매라고 하며 어머니를 집 옆 창고 같은 2평도 못 되는 방에다 홀로 두고 있었다. 내가 어머니한테 가서 왜 이렇게 되었느냐고 물으니 며칠 전에 상한 음식을 먹고 설사를 많이 하여 이렇게 되었다 하셨다. 어머니는 못 일어나신 채 누워계시는 7시간 동안 태순이가 차려준 죽 반 그릇에 단무지 채 몇 조각만 드셨다는 것이다. 그러니 어머니는 못 일어나고 계셨다.

부산으로 돌아오는 동안 계속 눈물이 자꾸 흘렀다. 같이 갔던 막내가 "엄마 울지마. 내일 내가 퇴근하고 할머니 모셔다 입원시키자"라며 나를 달랬다.

다음날 나는 막내아들과 곤양으로 다시 갔다. 태순이한테 어머니 바람 좀 쐬 드리려고 한다며 거짓말을 하고 그냥 부산으로 모시고 와 동의의료원에 입원을 시켰다. 열흘 정도 지나니 어머니는 일어나셨고, 약 100만 원 들여 모든 검사를 했더니 치매가 아니고 식중독에 걸렸던 것이었다. 나는 어머니를 퇴원시켜 우리 집에 모시고 잘 드시게 하고 편안하게 해 드렸더니 건강을 찾게 되었다. 우리 집 1층에 나는 국악원을 운영했는데 수강생들이 제법 많았다. 학생들에게 수업하다가 중간에 간혹 올라오면 어머니께서 청소도 하시고 집안일을 두루두루 해 두곤 하셨다. 건강이 갈수록 많이 좋아지셨다. 그때부터 갑조는 나에게 하루에도 몇 번씩 전화해서 욕을 시작하며 어머니를 곤양에 갖다 놓지 않으면 총으로 쏘아 죽인다며 막말을 하곤 했다.

만약 어머니가 우리 집에서 돌아가시면 부의금을 한 푼도 받지 못하니 빨리 데려다 놓지 않으면 찾아가 총으로 쏘아 죽인다는 협박 전화를 하루에 10번 이상 해대며, 입에 담지 못할 욕설을 계속 퍼부어댔다. 하루도 못 견디게 나를 괴롭혀 결국 어머니를 곤양에 모시고 갈 수밖에 없었다. 하지만 어머니를 내가 모르는데 감추어 버려 나는 막내아들을 대동하여 곳곳을 찾아다니던 중 약 6개월이 지난 후 산청 어느 요양병원에 보호자는 갑조 처 이름으로 되어있는 어머니를 찾을 수 있었다. 내가 어머니를 모시고 가겠다고 하자 보호자 이름이 갑조 처 이름으로 되어있어 모셔갈 수 없다고 했다. 할 수 없이 어머니는 요양병원에 1년간 계시게 되었고 마음은 매일 엄마에게 가고 싶었지만 나는 판소리 흥부가 완창 준비와 두 군데 학교를 나가야 했기에 도저히 엄마에게 갈 시간이 없다 보니 두 번이 다녀온 게 전부였다. 그러던 어느 날 상조한테 전화가 왔다.

"누나 어머니가 누나를 봐야 돌아가실 것 같다" 하여 그때 나는 흥부가 완창 준비를 하기 위해 전주에 갔는데 가면 열흘씩 공부를 하고 있을 때였다. 상조로부터 전화를 받고 바로 갑조가 사는 통영으로 달려갔는데 7시간 만에 어머니는 돌아가셨다.

2008년 추석이 지난 때였는데, 나는 불쌍한 나의 어머니를 저세상으로 보내 드려야만 했다. 이때 갑조 보고 내가 상조보험을 3년 넣어 둔 것이 있다고 말하고 연락을 하려고 하니까 자기가 알아서 한다고 연락도 못 하게 하였다.

난 상조보험 납입 한 금액이 180만 원가량 되었는데 해약하다 보니 한 푼도 못 찾게 되었다. 갑조는 형제들한테 장례비 명목으로 150만 원씩 부담하게 하여 그 돈을 챙겨갔다. 나는 그것을 보고 깜짝 놀랐다. 자기 아버지와 똑같은 삶을 사는구나 싶었다.

어머니는 2008년 음력 8월 23일 세상을 떠나시고 산소는 어머니가 평생 약 50년을 살았던 곳에 안장시킨다고 했다. 그런데, 갑자기 화장한 후 유골 상자를 싣고 고성을 지나 어느 골짜기를 지나더니 조그마한 저수지 옆 좁은 길 쪽으로 50미터를 걸어가 거기서 어머니 유골 상자를 푸는 게 아닌가, 저수지 옆 산에 어머니 유골을 뿌리면서 각자 한 줌씩 뿌리라고 하니 난 시키는 대로 할 수밖에 없었다. 조금 내려오니 건너편에 서방사란 절이 있었는데 거기에 어머니 영정을 모실 거라며 영정사진을 모시는 것처럼 하기에 기억해두었다.

49제가 되어 서방사 라는 절을 수소문하여 찾아갔는데 아무런 기척이 없어 절에 계시는 스님께 여쭈었더니 그 스님께서 하시는 말씀이 그날 바로 정리하고 갔으며, 49제는 하지 않기로 했다는 것이다. 나는 한평생을 호적도 없이 자식만 낳고 본처한테 올려 놓고 살던 어머니는 그렇게 자식들이 있으면 무엇하나 정말 돌아가신 후에도 이렇게 외롭고 쓸쓸하셔야 하나 생각하니 어머니가 한없이 불쌍하기만 했다. 해마다 어머니 기일 때 고성 상리 서방사 건너편 어머니 유골을 뿌린 곳에 갔지만 어떤 흔적도 없었다. 어머니 제사를 큰오빠 김병기 집에서 지낸다고 하여 4년 동안 서울 큰 오빠 집으로 갔는데 큰오빠 하는 말이 "이제는 제사 그만 지낼란다. 내년부터는 오지 마라" 하였고, 그때도 겨우 제사에 참석한 사람은 나와 작은 오빠, 상조 세 사람이 지내왔다. 나는 그때도 세상을 이 만큼 사는 동안 부모란 사람한테 이렇게 하는 사람들은 형제들이지만 내 주위에서는 처음 보았다.

세월이 흘러 2017년 산천 시에 옛날 오랜 친구를 만나러 갔다. 친구가 옛날 사천 군청 옆으로 이사 갔다고 하여 친구는 못 만나고 옛날에 있던 군청을 지나오는데 갑자기 옛날 기억이 났다. 우리 진이가 7개월쯤 되었을 무렵 무허가 땅으로 있던 곳을 윤임조가 합동 등기를 하자고 하여 같이 가서 등기했던 일이 있었다. 그날은 오후 6시가 넘었기에 일단 부산으로 돌아왔고, 다음날 등기소에 가서 등기부 등본을 떼어보니 합동 등기는 이미 말소되었고 김병기 명의로 넘어가 있었다.

이 땅은 처음 내가 구입하여 무허가로 12년, 이후 등기하여 14년 동안 내 명의로 되어있던 땅이었다. 그런데 전·후 사정을 알아보니 특별조치법으로 김병기 오빠가 소유권을 가져간 사실을 알았다. 그래서 병기 오빠에게 위 산천 곤양면 홍산리 땅에 대하여 편지를 하였는데 20일이 지나 서울로 올라오라고 했다. 2006도쯤 갑조가 어머니를 1년간 숨겨버렸을 때 나한테 병기 큰오빠가 뜻밖의 연락이 와서 갔더니 어머니를 찾으러 가자고 했다.

오빠와 함께 어머니를 찾으러 다니면서 동당리 48-1번지 땅사건에 대해 이야기를 했었다. 갑조와 상조가 "너한테 그렇게 사기를 쳤는데 병신 같은 년아 네가 그렇게 사니 지금까지 못 살지"라고 화를 내는 것이었다. 고소하라고 몇 번을 몇 년을 해도 고소를 안 하다가 "시키는 대로 사기 고소하여라"라고 하여 몇 년만에 고소를 했다고 했다. 그러나 그렇게 해서는 안 된다며 그 고소를 검찰에 할 수 있도록 내가 그것을 만들어 줄 테니 서울로 오라고 하여 고소장을 가지고 서울로 가게 됐다.

사당동 모 커피집에서 오빠를 만났는데 갑자기 또 나한테 하는 말이 "병신아 몇 년 전부터 내가 고소하라고 했지 너는 그렇게 사니 못살지" 하기에 "형제간인데 어떻게 그렇게 할 수 있냐"라고 했더니 "병신아 갑조, 상조가 사기를 쳤으니 그래야지 요새는 부모도 재산을 서로 가져가려고 재판하는 세상인데"라고 했지만 내가 보낸 편지 말은 하지 않았다. 그것은 그렇고 편지로 이야기한 땅 언제 준다고 말씀하라고 하며, "언제까지 준다고 각서를 써 주세요."라고 했더니 어릴 때 하던 행동으로 사정도 없이 때려버려 순간 기절을 하여 깨어나지 못하고 정신을 잃었다.

다시 깨어나서 "당신이 집 나간 후 2년에 걸쳐 권리금 쌀 한 가마니 값을 주고 샀으니 그런 거짓말 하지 말라"고 했더니 말문이 막혔는지 김병기는 "저년이 오빠보고 도적놈"이라고 한다면서 못 일어나는 나를 또 두들겨 패려고 다가왔다. 나는 간신히 기어 도망가면서 도적놈이라고 다급하게 외쳤다.

길 가던 사람들이 수십 명이 모여 서서 병원에 가라고 하며 경찰에 신고 하라고 했다. 바로 앞에 컨테이너로 지어진 조그마한 담배, 신문, 과자 등 물건들을 두고 장사를 하시는 아주머니가 작은 물병을 가지고 나와 물을 마시게 해주었다. 정신 차리라며 부축을 해주 일어나니 가슴이 결려 말도 크게 할 수 없고, 걸을 수도 없었다. 어릴 때 나는 공부도 못하고 가장이 되어 어머니가 살던 땅을 죽을힘을 다해 땅값을 치렀었다. 그때는 국유지여서 12년 만에 등기를 만들어 놓고 어머니가 살고 계시던 땅을 14년이 지나 고 가보니, 나도 모르게 죽은 사람 만들고 특별조치법을 적용해 큰오빠가 가져간 걸 이제야 알게 되어 편지로 좋게 해결하려 했는데, 무작정 나를 패려고만 했다. 내가 도적놈이라고 앉아서 계속 퍼부어댔더니 오빠는 도망가 버렸다.

  나는 계속 앉아 있다가 간신히 몸을 추스르고 일어났는데 말도 크게 할 수 없는 통증이 오고 제대로 걷기도 힘이 들었다. 겨우 차를 타고 부산 우리 집에 와서 다음날 병원에 갔더니 오른쪽 늑골에 금이 가서 3주 진단이 나왔다. 나는 20년 넘게 국악연구소를 운영하면서 학생들을 개인 지도하고 있었는데, 돌아누울 수도 없고 기침도 크게 할 수 없어 두 달간 병상에 누워 약을 먹으며 치료를 해야만 했다. 지금도 때때로 그때 다친 곳이 아직도 후유증으로 나타나곤 한다.

  두 달을 기다려도 말 한마디 없어 상조한테 전화하였더니 큰오빠를 칭하며 "그러고도 남을 사람"이라고 "누나가 포기해라" 그리고 자기들 고소한 것도 취소하라며 자기는 아무 죄가 없다고 갑조가 나쁜 사람이라면서 자기도 갑조한테 당했다고 했다.

  갑조가 전화가 와서는 입에도 못 담을 욕을 하면서 "네가 나를 고소해? 내가 경찰 출신이야! 고소 뒤집어서 너를 구속할 능력이 있는 사람이다."라고 전화로 본인들 잘못은 싹 빼고 오히려 나한테 뒤집어씌우려는 협박만 해왔다. 생각 해보니 어머니를 우리 집으로 모셔와 병원에 두었을 때 우리 집에서 돌아가시면 자기들(상조, 갑조)이 그래도 그곳에서 경찰하고 직장을 다녀 부조금 못 받을까 앞에도 썼듯이 계속 욕하며, 경찰들이 약한 사람은 빽도 없는 사람 취조 하듯 해왔다. 그 행동이 나한테 그리고 상조가 병기 큰오빠를 욕심쟁이 자기밖에 모르는 사람이라고 무슨 식으로든 누나는 못 이긴다고 포기하라고 하여 갑조와 상조 사건은 포기하고 살 수밖에 없었다. 아직도 그들은 어릴 때 자기 집에서 공부도 못하고 공장에 다니면서 자기들 뒷바라지나 하는 사람으로, 자기들이 못된 짓 한 것을 나한테 뒤집어씌워도 아무것도 모르면서 사는 사람으로 생각했다. 여전히 지금도 나를 무시하는 태도로 칠십 넘은 사람을 어릴 때 학대했듯 행동한다. 그 수모와 학대를 견디며 살아남아 지금까지 살아왔어도 그 집 사람들은 한 번도 반성해 본적 없이 약자에게 강한 사람들이다.

 나는 잊을 수도 지울 수도 없는 지난날을 생각하다 너무도 억울하게 살았던 세월에 한이 맺혀 주위 사람들에게 그 사람들이 어떻게 잔인하게 살아왔는지를 알리고 싶었다. 본 소송 재판을 시작하면서 소유권이전등기가처분 신청을 하고 지인으로부터 재판에 바른 판단을 하시는 분이라고 소개를 받고 변호사를 찾아갔다. 사무장이란 사람으로부터 세상이 법으로 가는 길이 이렇게도 험난하고 힘든 거라는 것을 알게 되었다.
 세상에는 양심이란 것을 아예 먼 곳에 던져 버리고 사는 사람이 이렇게 많다는 것을 느끼며, 처음 찾아간 그 변호사를 선임해야 하는데 그 변호사 사무실에 근무하는 정 사무장이란 사람이 전화가 와서 자기 변호사님이 사건을 안 맡는다고 하면서 다른 변호사를 소개 해주겠다고 하는 것이었다. 그리하여 다시 소개한 변호사를 선임하고 재판에 필요한 서류를 챙겨 담당 변호사 사무실에 갖다 주었는데 내 서류를 법원에 제출 해주지 않았으며, 상대방이 법원에 제출한 서류 등이 변호사 사무실로 도착 되면 나를 변호사 사무실로 불러 그것을 복사만 해주었다.

정 사무장에게 찾아가려고 연락하면 자기 변호사가 퇴근 후 전화하고 자기 사무실로 오라고 하였고, 상대편에서 보낸 서류를 가지고 가면 그 사람은 답변서를 써 주곤 했다. 처음에는 인사치레로 20만 원을 줬는데 정 사무장이 하는 말이 사무실 경리가 알고 있어 나누어 준다고 하여 다음부터는 좀 더 많은 금액을 주고 작성해 준 서류를 제출해 달라고 변호사 사무실에 갖다 주었지만 이를 법원에 제출 해주지 않았다. 이 땅 사건 때문에 서울 큰오빠를 찾아갔다가 오빠에게 두들겨 맞아 형사고소를 해 달라고 폭행진단서까지 갖다 주었는데, 그것을 몇 달이 지나도록 그냥 두고 있었다. 몇 번을 땅 사건과 같이 접수해 달라고 부탁했었는데, 자기들은 형 사건은 수임받지 않는다는 것이다. 해서 다시 정 사무장을 찾아갔더니 또 자기가 잘 아는 변호사가 있다고 그곳에 형사건을 소개하겠다기에 그 사람 말만 믿었다.

그런 법조계의 판을 정말로 몰랐고 상대방에 대한 준비서면과 답변서를 담당 변호사는 법원에 제출하지 않고 몇 달을 모아뒀다가 나를 불러 진주법원에 접수하라고만 했다. 난 그렇게 하는 것인 줄 알고 시키는 대로 하면서 그 담당 변호사란 사람과 1년 동안 재판을 세 번을 진행했다.

진행되는 동안 나는 증인을 6명 신청했는데, 증인들은 시골 사람들이라 농사만 짓고 살다 보니 세상 물정을 나보다 더 모르는 사람들이었다. 시골 살던 사람들이 우리 집 일을 잘 아는 두세 사람은 하늘이 무섭지 않냐고 하면서 제대로 된 증언을 하려 했지만, 김병기에게 돈을 받고 증인으로 나선 사람들은 그 당시 5세, 2세였는데 어떻게 증인이 될 수 있는지 병기가 시키는 대로 증언하는 바람에 나는 또 한 번 법정에서 무너지고 말았다.

병기 큰오빠가 경찰을 하다가 어머니 살아 계실 때 갑조하고 무슨 일로 싸웠는지 내가 알기로 15년을 법으로 한다고 하여 몇 번을 서류가 왔다 갔다 한 것으로 알고 있다. 캐나다에 있는 기옥이 동생도 갑조와 같이 어머니 돌아가시기 전부터 법으로 한다며 연락도 없이 살았고, 어머니가 편찮으실 때 나하고 양로원에 같이 가자고 부산에 왔을 때도 병기 오빠는 기옥이 동생 말은 들먹이지도 못하게 했다. 평생을 교회를 업고 사기 치려고 캐나다에 갔다고 나한테 몇 번을 말했지만 난 그 말을 믿지 않았었다. 설마 하니 하나님 일을 하러 선교사로 갔는데 괜히 자기 말 안 들어 준다고 그러는가 보다 라고 생각했었다.

재판이 2018년 초에 시작하여 내가 바보고 세상을 너무도 몰라 정 사무장이란 사람과 그 사람이 소개한 변호사 형 사건으로도 변호사 얼굴은 두 번 본 것이 전부다. 형사건 변호사 사무장도 역시 저쪽 편이 되어 내가 서울에 가서 사건에 대한 증거를 수집해 줬는데도 무시하고 내 편에서 일을 전혀 해주지 않았다. 내가 사건 수집한 것을 저쪽에 알려주고, 서울의 경찰관도 내가 2번이나 만나러 갔는데도 결국 만나지 못했다. 그 사건을 1년에 걸쳐 '불기소 혐의없음'이라는 결과로 만들어 버렸고 세상이 이런

것인 줄 모르고 너무 큰 충격에 포기하려 했었다.

　캐나다에 사는 동생 기옥이는 몇 년 만에 한 번씩 만나면 밥을 사 먹이곤 했다. 어린 시절 기옥이가 서울에서 야간 고등학교 다녔을 때 나는 내 한 달 월급 2,300원 중 입에 풀칠할 정도의 생활비만 제하고 남은 돈을 동생들 생계비로 보냈다. 1년이면 5,000원씩 기옥이에게 보내 줬고, 25년 전 캐나다에서 집 산다고 할 때도 난 힘들어 죽을 지경이어도 200만 원을 보내 주며 혈육에 대한 책임을 다하려 노력했다. 하지만 김병기가 얼마나 줬는지 몰라도 기옥이는 그와 한편이 되어 나를 이렇게 철저하게 배신을 해왔다. 생각하면 뼛속까지 떨려 올 지경이다.

　내가 1967년도 면사무소에서 잠업 지도를 원할 때 산업계 직원과 친하게 지내던 사람이 자기 친구인데 국회의원 출마까지 했던 사람이라며 소개를 해서 인사를 한 적이 있었다. 나를 보고 참 똑똑하다면서 자기가 서울 가면 좋은데 취직시켜 준다고 서울에서 내려와 돈 쓰다 보니 한 푼도 없어 그러니 만원만 빌려주면 서울에 가서 곧 보내 주마 하여 만원을 빌려줬었다. 서울 가서 한 달이 되어도 돈을 보내 주지 않아 산업계 있는 친구를 통해 주소를 알아내어 1967년 봄에 서울을 미아리란 주소로 찾아갔다.

　집도 아닌 미아리 산꼭대기에 가빠 같은 것을 씌운 방 한 칸에 돈 빌려 간 사람과 어머니와 네 살 된 딸 아이가 살고 있었다. 이틀을 그 집 부근에서 기다리다 그 사람의 여자와 오다가 나한테 붙잡혀 다방으로 갔는데, 그 사람의 여자가 돈 5,000원을 갖다 주면서 5,000원은 부쳐준다고 하였다. 하지만 그 말을 못 믿어 서울에 간호조무사를 하는 동생을 연결 할테니 빠른 날 안에 우리 동생한테 보내 주라며 기옥이를 만나 이 사람한테 5,000원 받으라고 인사를 시켜주고 진주에 왔었다.

  그 도둑놈이 돈을 주지 않는다고 기옥이가 나한테 얘기했었는데 세월 속에 잊어버렸고 2003년 1월에 캐나다에 갔을 때도 한 번도 지난날 이야기는 하지도 않았다. 그런데 기옥이는 재판에서 상상도 못 했던 기가 막힌 연극을 만들어 증언했다. 이 평생 살아오면서 단언컨대, 단 한 번도 기옥이한테 도움만 줬지 해 되는 일을 한 적이 없다. 서울에 살던 윤 도둑님한테 5,000원 받아 쓰라고 한 죄가 이렇게 수십 년 동안 연극거리가 될 줄이야! 기옥이가 하나님을 믿는 줄 알았지 한세상을 그렇게 사는 줄은 꿈에도 상상하지 못했다.

  복달이한테 자주 간다더니 하나님 믿는다는 거짓 신앙으로 똘똘 뭉쳐 그들의 하는 짓은 꼭 자기 아버지 김봉석 피를 닮았다는 생각을 하게 된다. 병기 큰오빠가 나를 만날 때마다 예수를 업고 캐나다에 사기 치러 갔다는 말을 할 때마다 내색도 하지 않고 세상에 죄가 보이지 않는다고 저렇게 하나님 믿는 사람을 모함 하나 했는데 역시 그 집 식구들은 김봉석 아버지 피를 이어받은 것을 다시 한번 확인하게 되는 사건이었다. 김봉석 아버지란 사람 60년 전의 기억을 떠올리게 한다.

맺음말

174 기나긴 터널을 지나면서
     큰소리로 외치고 싶다

이제는 살아갈 날 앞에서
아름다운 날들, 추억을 쓰고 싶다

    사람이라면 세상을 살면서 그래도 남한테 덕을 입으면 고마워하는 마음을 갖고 살아가는 것이 인간의 도리이며, 그것이 사람과 짐승의 차이가 아닐까 생각한다. 양심이란 것은 아예 공중에 날려버리고 본인 생각만으로 사는 사람들로부터 나의 몸과 마음을 모두 다쳐 처절한 삶을 살게 했던 김봉석 아버지. 그리고 그의 핏줄들...

    김봉석 아버지라는 사람은 지난날, 피어나기도 전 가녀린 새싹을 짓밟고 뭉개버리고도 아무렇지 않게 살아갔던 악마 같은 인간으로 인해 수많은 세월이 지나도 나는 치유되지 않은 채 가슴에 시커먼 멍으로 남아있다. 남한테 일감을 받아 노임을 받고 명주를 짜주기로 해놓고는 강하고 무서운 사람들에게는 명주를 짜주고, 마음이 착하고 힘이 없는 사람들은 아버지(김봉석)의 먹잇감이었다.

    큰 부인과 내통하며 명주를 통째로 팔아 나누어 가진 돈으로 김봉석은 화투에 탕진하고, 그 사람들이 명주를 받으러 오면 불구다리를 지탱하고 다니던 지팡이(현재 목발)로 그 사람들한테 오히려 행패를 부리며 못된 짓 하던 생각이 눈앞에 보이는 듯 생생하다. 내 나이 13세 때 큰오빠를 보고는 몇십 년 동안 만나지 않아 몰랐는데 김병기 오빠란 사람도 그 아버지가 살아가는 모습

맺음말   175

을 소년 시절까지 보고 자라 이미 학습이 되어있었다. 재판 중에 보니 아직도 어린 시절 학교도 못 가고 자기 집 노예처럼 살던 나로 생각하고 있었다.

큰오빠는 현재 재산이 많은 사람이다. 그런데도 내가 사놓은 내 땅을 나도 모르게 나를 죽은 사람으로 둔갑시켜 특별조치법을 이용해 본인 김병기 소유로 소유권 이전을 해버려서 이 땅 문제로 재판을 하게 되었다.

내가 소녀 시절부터 첫 아이를 낳을 때까지 나를 죽 지켜본 사천 곤양에 같이 살던 고향 사람들이 몇 분 살아계셔서, 난 그 사람들이 내가 살아온 사실들을 잘 알고 계시니 재판 중 6명에게 증언을 부탁했었다. 그런데 큰오빠는 그 사람들 개인에게 전화하여 증인을 서면 집을 쑥대밭으로 만들겠다며 옛날에 배우지 못한 사람들에게 협박하고 이상한 내용을 적어 집으로 보내는 등 김봉석 아버지가 하던 행동을 그대로 재연하는 듯했다.

그 사람들은 소녀 시절부터 내 아이 4세가 될 때까지 내 돈을 안 써본 사람이 없다. 난 힘들어도 그 집 사람들 사는 데 도움을 준 사람이다. 이렇게 살아가는 사람들인 줄 하나 같이 갑조, 상조 20년 전에 처음에는 국악협회장 위주로 국악연수원 한다고 지리산 시천 동당리에 땅 600평을 소개했다가 갑조, 상조가 사기를 쳤다고 오히려 나를 같이 고발한다고 하였다.

나는 무척 힘들 때였는데 그 땅을 내가 뜻하지 않게 갖게 되고 난 땅을 갑조, 상조가 자기 것이라는 말을 믿고 소개한 것이 사기로 둔갑한 것이었다. 할 수 없어 난 내가 산 땅은 남이 농사를 하고 있었고 나중에 그 땅을 찾으려고 재판을 3년을 할 때 그래도 시골 사람이 자세한 증인을 서 주어 성사시켰다. 내가 지금 재판하고 있는 사건과 유사한 요즈음 TV 프로그램을 보면 힘없는 사람은 무작정 억울함을 당하고 힘 있는 권력이 있는 사람은 무작정 약자를 짚 밟아 버리는 것이 나오곤 한다.

내가 당하고 있는 것이 이런 현실인 줄 몰랐고 자식들 키우던 힘을 생각해서 김봉석 그 자가 한 짓을 세상에 꼭 알려 세상 끝나는 날까지 보고 죽는 것이 나, 혜성 김기자는 조금이나마 스스로를 위로하며 한을 푸는 것으로 미련이 없겠다는 생각뿐이다.

1999년 갑조, 상조한테 사기를 당해 구입한 경남 산청군 사천면 동당리 땅은 아직도 팔지도 못하고 있으며, 상조, 갑조, 복달이, 태순이만 그렇게 사는 줄 알았는데 재판 중인 사람은 물론이고 하나님을 믿으며 선교사이고 외국까지 가서 하나님을 널리 전파한다는 여동생 기옥이만큼은 믿었었다. 하지만 나쁜 일을 저지르고도 회개는커녕 알면서도 그렇게 상상도 할 수 없는 일들을 벌이는 것이 어이가 없었다. 하나같이 김봉석 아버지 피의 줄기는 할 수 없다는 생각이 들었다.

지금 생각하면 김병기 큰오빠는 내가 3년 넘게 공장에 다닐 때 동생들 생계비 보태가면서 약 3년에 걸쳐 결혼하면 쓰려고 모아 둔 돈을 66년~67년 사이 시집갈 때 준다면서 서울에 서대문에 집을 산다고 그 당시 20만 원을 빌려 갔다. 1968년 가을을 지내고 겨울이 지날 때쯤 나를 마음에 둔 사람이 있었고 그때는 너무 세상을 몰랐다. 큰 오빠가 곤양에 올 일이 있다고 하여 오빠가 오면 그 사람을 한번 만나 달라고 어머니한테 편지를 전해주었더니 오빠가 편지를 보지도 않은 채 찢어버리고 갔다고 어머니가 말했다. 난 그때 누구의 도움도 없었는데 결혼도 할 수 없겠구나 하고 비관하여 감기약을 사서 모아 자살을 시도한 적도 있었다. 하지만 돈을 벌어 아이들을 잘 키우겠다는 생각뿐이었고 내가 자랄 때 공부하고 싶은 생각에 꿈에서도 학교 가는 꿈을 꾸다 깨고 나면 너무도 허망하고 오직 자식은 저 애들이 공부한다고 하면 몸이 부서져도 일을 했다.

항상 빚으로 아이셋을 키우며 행복이란 단어는 생각도 못 했으며 30대 초반부터는 낮엔 일하고 밤이면 운전을 하였다. 많이 자면 4시간이 하루의 내 숙면 시간이었다. 정말 열심히 살아온 죄밖에 없는데 왜 나에게 이런 일이 생기는 걸까, 하지만 어떻게 하든 꼭 살아야 저 아이들이 가는 길에 힘이 되어야겠기에 난 꼭 살아야 한다, 아직 우리 아이들한테는 내가 힘인데 하는 생각으로 버티고 또 견뎠다. 그래도 죽음의 그림자가 내 몸에 있다고 다들 말하니 너무 충격이 커서 순간 우울증이 생기기도 하였다.

아이들은 아직 스스로 헤쳐나갈 준비가 안 되어있고 막둥이는 19세 대학을 입학하고 2학기에 군대를 지원하여 간 상태였다. 내가 지금까지 사는 동안 아이들은 엄마밖에 몰랐고 큰아들은 사춘기 때 중학교 선배라는 불량한 사람이 사춘기에 들어 있는 큰아들을 이용하여 집에 돈이 되는 것은 다 가져가고 때로는 큰아들을 시켜 돈도 요구해 차를 가지고 사고도 내 너무나 힘든 세상을 살았다.

나는 내 호적도 없이 40살 후반까지 살아왔다. 죽은 형제의 호적으로 살아온 것이다. 암이라는 병마와 싸우고 있을 때까지 호적이 실제 내 호적으로 알고 살았는데 우연히 부산 부전동 시장

옆을 지나가는데 어떤 노파가 나를 불러세워 갔더니 "새댁이 어디 아프냐 몸이 안 좋아 보인다. 새댁의 나이를 말해보라," 하여 말했더니 "새댁은 죽은 사람인 남의 호적으로 살아가고 있네. 그러니 실제 나이가 맞는지 알아보라." 하는 것이었다. 어머니에게 들어 내가 산청군 상장면 덕교리에서 태어난 것은 알아도 호적이 어떻게 되어있는지는 제대로 알지 못했다.

내 나이 40대 후반이었다. 곤양에 살고 계신 엄마한테 가서 부전동 노파가 한 말을 하면서 난 죽은 사람 이름으로 산다고 했더니 그 사람이 점쟁이냐고 물었다. 다시 어머니가 하는 말씀이 "너를 사실은 꼭꼭 숨겨 놓은 것이다. 너의 외할머니만 알고 있다." 그래서 네가 난 날만 알고 너는 돼지띠란다." 라고 하셨다. 부전동 노파한테 가서 다시 말했더니 이제는 "돼지띠로 살아라" 라고 하시고 "새댁이 지난날 죽은 사람으로 살았기 때문에 사는 것이 죽는 만큼 힘들었던 게야. 그 뒤부터 나는 내가 47년생 돼지띠로 살려고 했다. 난 내 나일 되찾고부터 차차 내 인생이 지난날보다 점점 달라지는 것 같았다.

어머니가 하는 말씀이 큰어머니 자식 중에 딸 한 명이 죽었는데 너보다 2살이 위인데 생일이 같은 날이라 그냥 그렇게 두었다고 하셨다. 아버지가 조씨 자식이라고 호적에도 올려주지 않은 것이다. 그러다 보니 여태껏 남의 호적으로 살아온 것이다. 그렇게 힘들 때 김병기 큰오빠는 나를 죽은 사람 만들어 특별조치법으로 사천 곤양에 있는 땅을 자기 명의로 이전해 갔다.

이 땅은 내가 땅을 구입 할 당시 땅 가치도 없었고 구입하기 전부터 여기서 어머니와 아버지(김봉석), 그리고 동생 4명과 함께 무허가 건물을 지어 권리금을 땅 주인에게 주고 살았다. 이전에는 이사도 많이 다녔다. 이곳으로 오고 나서는 여기를 고향이라고 생각하고 내 나이 9세 때 이사를 이곳에 하여 15세가 될 때까지 살았는데 생각지도 못할 고생을 하다가, 나는 진주 어느 실크 실을 만들어 일본으로 수출하는 공장에 취직 하였다. 매달 어머니 생활비를 보태야 했고 동생들 학비를 보내면서 바라지 했다. 그렇게 살아온 '혜성 김기자'란 이름이 한평생 싫었고 남의 호적에 얹혀 세상을 산 사람, 비바람 파도에 시달린 세상을 한번 표현하고 싶었다.

 자료를 모으고 지난 순간순간을 글로 쓰는 중에 옛날 사천에 살던 친구를 찾아갔던 일들이 다시 떠올랐다. 사천군청 옆에 산다고 하여 갔다가 우리 딸 7개월 될 때 애를 업고 작은 오빠 친구 윤임조와 등기를 만들러 갔던 생각이 떠올라 등기를 살펴보니 앞에도 말했듯이 1984년에 김기자 등기를 김병기 오빠가 폐쇄 조치한 사실이 밝혀져 대한법률구조공단에 가서 알아보게 됐다. 10년이 지나도록 몰랐으니 형사는 안되고 민사만 남았다고 하여 병기 오빠한테 살아온 내용과 그 땅에 대하여 편지를 써서 보내면서 좋게 하려고 절반만 달라고 했더니 17일 만에 전화 연락이 와서는 오빠가 알고 있으니 올라오라고 하였.

 나는 그 말을 듣고 올라가 그 땅을 언제까지 준다고 각서를 써달라고 했더니 어릴 때처럼 오빠가 거짓말을 하면 그것이 거짓이라고 내가 말했을 때 오빠는 내 말에 관여치 말라며 두들겨 패던 행동을 다시 반복했다. 그런 거짓은 이제 안 통한다고 했더니 오빠가 나를 또 두들겨 패 그 자리에 쓰러져 주위 사람들의 도움을 받아 정신을 추스른 다음 집에 와 두 달 동안 치료를 받던 일이 다시 악몽처럼 떠오른다. 내가 납치를 당하여 경기도 가평까

지 끌려가 며칠간 있다가 차비를 구하여 집에 왔다가 우리 딸 진이를 낳게 된 것을 그리고 그 아이 할머니가 끝까지 받아 주지 않아 아이가 7개월이 될 때 쫓아내 버렸던 일, 난 죽으려고 아이를 업고 진주에 가는 차를 타려고 4km 가 넘는 사천까지 걸어가서 진주 사는 친구를 만나고 앞에서 말했듯이 숱한 시행 끝에 나주란 곳을 가게 되었다. 사람을 구하고 공장 옆에 방을 구하여 미혼모란 딱지를 달고도 동생들 학비를 보태면서 살던 생각이 주마등처럼 떠오른다.

김병기는 재판에서 준비서면이라고 써서 내는 것은 항상 "결혼을 하지 않고 아이를 낳아 돌아다닌 년"이었다. 몇십 년을 연락도 없이 살던 사람이 1964년 3만 원을 가져가 놓고 지금도 안 주고 있으면서 재산이 몇십 년 전부터 몇십억이 된다고 형제들에게 도움을 좀 주었다는 이야기를 들었다. 내가 힘들게 살 때도 연락 한번 없던 사람이 복달이가 나한테 거짓과 나 힘들 때 금품을 갈취해 놓고 오히려 적반하장격으로 나에게 뒤집어씌웠다.

형제나 고향 사람들한테 복달이가 지은 죄가 들통날까 봐 거짓으로 나를 매장을 시키고 다니는 줄은 몇 년 전 알게 되었다. 외삼촌이 병세에 계실 때 3년 동안 병문안을 한 달에 서너 차례 다녔는데 외삼촌이 하시는 말이 "복달이가 알고 보니 너를 주위 사람들을 못 만나게 하고 너를 모함하고 다녔더구나. 나도 한동안은 네가 외갓집에서 참 착하게 살았는데 세상에 시달려 네가 버려진 줄 알았다. 네가 이렇게 사는 줄 몰랐다. 불쌍한 것" 하시면서 외삼촌은 눈시울을 적셨다. 그리고 또 말을 이었다.

"내가 군대에 갔을 때도 할아버지, 할머니를 도와 외갓집에 살

맺음말 181

앉던 너를 기억하고 할아버지, 할머니는 네 식구는 아무도 생각하기도 싫다고 하시면서 오직 '기자 기자' 하셨지. 할머니는 너를 보고 저세상 가야 한다고 몇 년을 연락 없이 사는 널 수소문하셨단다. 상조를 시켜 내가 양정에 살 때 네가 아이들을 데리고 왔지, 그때 네 외할머니는 너를 보고 7일 만에 세상을 떠나셨어. 그 이후로 복달이가 너를 완전 사기꾼이라면서 남의 것을 가져가면 주지 않고 산다고 너를 아주 주위에 있는 사람들은 못 만나게 했단다" 외삼촌은 이렇게 말씀하셨다.

외삼촌은 또 "네 아버지는 옛날에 우리 집 논밭도 네 외할아버지를 꿰여 팔아 하루 만에 그 돈을 화투판에서 없애고 했다고, 우리 아버지는 항상 우리 기자는 우리 식구를 닮아 영리하고 착하다고 하셨어. 네 외할아버지가 옛날에 배우지도 않은 판소리 옛날에는 초상이 나가면 상여소리를 하시는 분이라 네가 어릴 때도 노래를 잘했는데, 너는 외가 쪽을 닮았어. 그러니 그 어려움 속에도 판소리 완창을 세 개나 하고 너는 정말 타고 난 명창이다." 라고 말씀하시며 나를 칭찬하셨다. 노래 잘하는 사람으로 소문났다 하며 웃으시던 외삼촌 모습이 지금도 눈에 선하다.

외삼촌 병문안 다닐 때 외삼촌은 옛 얘기도 많이 들려주셨다. 병기 오빠는 내가 사는 동안 어릴 때 12세까지 같이 산 게 전부이고 필요할 때만 나를 찾은 사람이다. 재판이 언제쯤 끝날지 다음에 이어질 것이고, 나는 재판을 2020년 10월까지 했으나 변호사들은 하나같이 똑같아서 이제 법 쪽의 사람들은 힘 있는 사람들 편에 서고 힘없고 권력 없는 사람이 진실은 밝히는 데는 아득히 멀고 험난한 길이고 상상도 할 수 없는 세상인 줄 알게 되었다. 나처럼 90% 본법에 의거하고 사는 사람은 그렇게 살고 있었다.

법! 법이란 이름만 들어도 경련을 일으킨다.

  나는 다 포기하고 또 내가 잘못 사람을 믿어 돈을 안 갚는 사람이 있어도 어떤 사람이 변호사 사서 송사를 하라고 했지만 난 포기하기로 하였다. 이제는 세상이 무섭다. 나는 다시 우울증이 재발하였다.

  세상 사람들은 법과 질서를 얼마나 잘 지키고 사는지 김기자 혜성은 이 세상이 두렵다. 앞으로 더 나은 삶으로 얼마나 잘살게 될지는 모르겠으나 어쩌면 더 불행이 찾아올지 알 수 없지만 내가 앞으로 살아서 기억하고 싶은 것들을 좀 더 책으로 엮어 갈까 생각을 띄어 보면서 내 인생과 삶을 이쯤에서 마무리해 본다.

김기자 자서전

기나긴 터널을 지나면서
큰소리로 외치고 싶다

발   행   2023년 3월 25일
지은이   김기자
편   집   이화엽
펴낸곳   도서출판 때꼴
주   소   부산 강서구 유통단지1로 41
전   화   051-941-4040
E-mail   ttaeggol@hanmail.net
가   격   20,000원

ISBN 979-11-92822-03-7

※내용의 일부 또는 전부의 무단 전재, 복제를 금합니다.